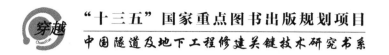

"十三五"国家重点图书出版规划项目

中国隧道及地下工程修建关键技术研究书系

衡盾泥辅助盾构施工技术

竺维彬　钟长平　米晋生 　丁建隆

Paste HDN
the auxiliary technology
for shield construction

人民交通出版社股份有限公司
China Communications Press Co.,Ltd.

内 容 提 要

本书是作者们攻克了衡盾泥一系列科研难题和经历了上百台次盾构实践的总结,内容涵盖衡盾泥材料性能、成膜机理、保压效果、施工工艺及工程应用等,并附有丰富的施工案例。

本书可供从事盾构隧道工程的技术人员、科研人员参考和借鉴,也可作为大中专院校相关专业师生的参考用书。

图书在版编目(CIP)数据

衡盾泥辅助盾构施工技术 / 竺维彬,钟长平,米晋生著. —北京:人民交通出版社股份有限公司,2019.11
ISBN 978-7-114-15515-4

Ⅰ.①衡… Ⅱ.①竺… ②钟… ③米… Ⅲ.①泥水平衡盾构—盾构法 Ⅳ.① U455.3

中国版本图书馆 CIP 数据核字(2019)第 083155 号

书　　名:	衡盾泥辅助盾构施工技术
著 作 者:	竺维彬　钟长平　米晋生
责任编辑:	刘彩云　李 梦
责任校对:	赵媛媛
责任印制:	张 凯
出版发行:	人民交通出版社股份有限公司
地　　址:	(100011)北京市朝阳区安定门外外馆斜街 3 号
网　　址:	http://www.ccpress.com.cn
销售电话:	(010) 59757973
总 经 销:	人民交通出版社股份有限公司发行部
经　　销:	各地新华书店
印　　刷:	北京印匠彩色印刷有限公司
开　　本:	787×1092　1/16
印　　张:	9.5
字　　数:	172 千
版　　次:	2019 年 11 月　第 1 版
印　　次:	2019 年 11 月　第 1 次印刷
书　　号:	ISBN 978-7-114-15515-4
定　　价:	88.00 元

(有印刷、装订质量问题的图书由本公司负责调换)

主编简介

竺维彬,男,享受"国务院特殊津贴"专家,教授级高级工程师,现任广州地铁集团有限公司常务副总经理、住建部轨道交通质量安全委员会委员、中国轨道交通协会专业委员会副主任委员、中国岩石力学与工程学会红层工程分会副理事长、中国土木工程学会隧道及地下工程分会副理事长、中国岩石力学与工程学会水下盾构隧道工程技术分会副理事长、广州轨道交通盾构技术研究所首席专家。

自广州地铁1号线始,一直从事地铁建设的管理、难题决策和盾构技术的研究工作。提出和定义了一系列复合地层盾构施工技术的新概念、新观点、新方法,创立了"复合地层盾构技术理论体系"。发表地质、地铁建设、盾构技术等专业论文90余篇,获专利10余项,出版著作10部。曾获国家科技进步奖二等奖,广东省科技进步奖一等奖、二等奖等奖项。

钟长平,男,教授级高级工程师,隧道及地下工程专业博士,广州轨道交通监理公司副总经理兼总工程师,广州轨道交通盾构技术研究所所长,国家注册监理工程师,华南理工大学、广州大学硕士生导师,春风隧道总监,中国土木工程学会隧道及地下工程分会理事,广东省土木建筑学会常务理事,广州建设工程安全学会副理事长,北京盾构工程协会副理事长。长期从事地铁建设管理工作和盾构技术研究工作。

为国家标准《地下铁道工程施工标准》(GB/T 51310)、《地下铁道工程施工质量验收标准》(GB/T 50299)主审专家。参编行业标准《盾构法开仓及气压作业技术规范》(CJJ 217)。发表论文30余篇,主编和参与出版专著5部,发明专利5项。

米晋生,女,教授级高级工程师,国家注册监理工程师,广州轨道交通建设监理有限公司总经理。

长期从事地下工程建设监理、管理工作,发表盾构施工技术论文10余篇,出版著作4部,获专利8项。荣获广东省科技进步奖一等奖、广州市科技进步奖一等奖各1项。

本书编委会

主　　编　竺维彬　钟长平　米晋生

副 主 编　黄威然　邱小佩　钟小春

参　　编　陈　和　李世佳　周翠英　祝思然　罗淑仪　谭健峰
　　　　　　谢小兵　朱育宏　黄　辉　马　卉　王　虹　魏康林
　　　　　　肖瑞传　刘　智　杨明先　周　斌　徐明辉　区穗辉
　　　　　　梁建波　杨　旭　史清华　袁敏正　刘　镇　杨　洋

审　　定　丁建隆

编写单位　广州地铁集团有限公司
　　　　　　广州轨道交通建设监理有限公司
　　　　　　佛山市泰迪斯材料有限公司
　　　　　　河海大学
　　　　　　中山大学
　　　　　　广东水电二局股份有限公司

序

进入 21 世纪,随着我国国民经济、科学技术及城镇化的快速发展,对城市轨道交通,跨江河湖海公路、铁路以及市政供电、水务隧道工程的需求越来越多,工程规模越来越大、建设强度越来越高。盾构隧道工法因其在工程质量、进度、安全、环保和人性化等方面的优势,已成为城市隧道建设首选的工法。通过近二十多年大量的工程实践,盾构机的地质适应性得到了很大的拓宽,但基于工况的复杂性和地质的不可预见性以及刀盘、刀具等切削设备的局限性,依然会遇到很多诸如泥饼、地下异物、滞排、刀盘刀具损坏等问题,因此,掘进中途进仓检查、更换刀具仍是盾构工法常见且必要的措施和手段。

进仓检查维修分常压和带压两种方式。常压进仓通常辅以预先加固,包括注浆、WSS 工法(无收缩双液注浆改良土体方法)、冷冻法等,工期相对长、费用高;另外一种采用土仓内填充水泥砂浆的常压进仓方法,容易出现盾构机被水泥浆糊住,换完刀具后较难恢复掘进的问题。对于一些特殊工况,例如盾构机被迫停在江河、建筑物下,地面无加固条件;或者地层中地下水丰富,加固无法封堵等情况,带压进仓就成了唯一的选择。

带压进仓通过在开挖面施作泥膜进行保压,土仓内加气来平衡开挖面,作业人员在气压条件下进行工作。泥膜的质量越好,保压效果越好,则作业人员越安全,作业时间也可以越长。如何施作高质量的泥膜?其与地质条件、泥浆材料、工艺流程等因素相关。国内最早尝试带压进仓的工程是广州地铁 1 号线长寿路—陈家祠区间,当时采用泥水平衡盾构机的泥浆材料施作泥膜,后历经十多年的发展,有了增稠后的"超级"膨润土泥浆,但该泥浆能达到的黏度依然有限,在地下水水量大或者地层孔隙大的情况下,这种泥浆也很难施作出高质量的泥膜,甚至无法成膜。

通常情况下,泥浆材料的黏度越高,泥膜结构的致密性相对越好,越不易在孔隙大的地层中流失;但泥浆黏度过高,流动性会受到影响,出现难以泵送的问题。因此理论上,泥浆材料的黏度越大越好,以便适应各种地质条件;且有一定的渗入隔水效果,以防止地下水大时成膜困难;还要具有一定的流动性,保证输送工艺的可行性。

令人惊喜的是广州地铁的一群有心人,以控制盾构开仓风险为导向,历经25年、350多台次的盾构工程实践,千方求索、"产学研用"相结合、跨学科融合,终于研发出一种泥浆材料——衡盾泥,并首创其施作泥膜的工法。该材料黏度能达到$1.0×10^4$ mPa·s,具有隔水性及一定的强度,同时具备触变性质,搅拌时能恢复流动性,满足泵送要求。他们的研究成果丰富且全面,除了材料以外,还研究了衡盾泥泥膜护壁的工艺和配套设备。他们将技术推广并成功应用到全国十多个城市的上百台次盾构工程上,使盾构机脱离困境,恢复生产。这些工程不仅包含全断面砂层、全断面砂卵石层、上软下硬等各种地层工况,还包含福州过闽江、厦门跨海、兰州下穿黄河等特殊复杂工况。应该说,该成果源于实践、用于实践,并由众多工程实践证明了其成熟性,具有很强的实用性和很好的推广前景。

本书论述了他们的创新成果,并对典型应用案例进行了详细介绍,对工程实践具有重要的指导意义,我乐意向广大读者推荐此书。

中国工程院院士

2019 年 8 月

前 言

20世纪90年代,广州地铁率先引进和尝试应用于软土和岩层复合地层开挖的盾构施工技术,之后,通过1~4号线30余台、100km类似地层的盾构工程实践和系统研究,提出和定义了"泥饼、喷涌、滞排、有效推力"等新概念,创立了盾构施工新的技术体系,填补了国内空白。

21世纪是地下空间开发的世纪。目前,盾构工法已成为我国地铁和公路等隧道建设优选的主流工法;全国盾构机超过2000台,其中复合盾构机占比超过60%,每年建成隧道里程超过1000km,我国已成为世界第一盾构大国。未来十年,随着在特殊复合地层方面大规模的实践和不断创新突破,我国成为盾构施工强国指日可待。

但是,由于复合地层地质的复杂性和当今行业技术的局限性,人工进仓检查、更换刀具、维修刀盘仍是必须经历的程序或环节。目前,开挖面地层加固后常压进仓等技术存在不同程度的局限性,如加固成本高、受地面环境限制、质量难以保证等,尤其是在江河或建(构)筑物等特殊工况下,成熟的加固技术受限,带压进仓工法常常是唯一选择或最优选择。

带压进仓工法成败的关键在于开挖面泥膜的保压效果,一旦出现漏气或致开挖面失稳,轻则地面塌陷,重则导致重大安全事故发生。

如何保障进仓安全?如何降低进仓风险?如何提高进仓效率?这一世界性难题是盾构领域亟待解决的问题。因此,广州地铁集团有限公司牵头成立课题组,以工程现场为主试验平台,将地质、土木、材料、机械等多专业、跨学科融合;由佛山市泰迪斯材料有限公司负责材料研发,广州轨道交通建设监理有限公司负责设备和工艺研发,河海大学和中山大学进行室内试验及理论研究;采用产、学、研、用相结合的方式,遵循"材料是基础、设备是关键、工艺是核心"的研究思路,开展衡盾泥辅助盾构施工技术的研究并形成创新成果。

创新思维来源于问题导向,创新成果必须在实践中检验和发展。一次偶然的机会,获悉福州地铁1号线盾构机被困闽江,刀具损坏掉落,盾构机无法掘进,必须进仓维修;而之前的地层加固并未封闭江底裂隙,常压进仓或施作传统膨润土泥膜后带压进仓,均风险巨大。在此背景下,福州地铁领导的开明决策和信任,为课题组提供了尝试现场应用和检验衡盾泥的机会。通过课题组全体人员的艰辛努力,科学指导、精细施工、不断修正,终于"救活"了在江底趴窝两个月之久的盾构机,由此开启了衡盾泥辅助盾构施工技术的应用研究征程。

至今,衡盾泥辅助盾构施工技术在工程实践中日趋完善成熟,已经拯救了百余台次陷入困境的盾构机,为相关城市的轨道交通按期或提前开通作出应有的贡献。为了将这一创新成果尽快推广到行业、服务于全国,以保障盾构机的进仓安全,并进一步优化提升本技术,课题组决定开放专利,将创新成果编著成书出版。

由于课题组人员水平、精力有限,虽历经辛劳几易其稿,但仍难免存在纰漏和不足,请广大同仁批评指正,以期共同努力、不断创新,提高盾构工程技术水平。

2019 年 8 月

目录

第1章 绪论 ... 001
1.1 研究背景 ... 001
1.2 泥膜护壁带压进仓国内外研究现状 ... 002
1.3 衡盾泥辅助盾构施工技术创新点 ... 004

第2章 衡盾泥材料性能 ... 005
2.1 衡盾泥材料 ... 005
2.1.1 衡盾泥组分 ... 005
2.1.2 衡盾泥基料（未改性膨润土） ... 006
2.1.3 衡盾泥A组分（改性膨润土） ... 007
2.2 衡盾泥性能 ... 007
2.2.1 衡盾泥物理性能 ... 007
2.2.2 衡盾泥工程性能 ... 012

第3章 衡盾泥成膜机理 ... 020
3.1 衡盾泥渗透机理 ... 020
3.1.1 衡盾泥渗透试验方案 ... 020
3.1.2 衡盾泥渗透分析 ... 025
3.2 衡盾泥扩散机理 ... 029
3.2.1 衡盾泥扩散模型建立 ... 029
3.2.2 衡盾泥扩散分析 ... 030
3.3 衡盾泥固结机理 ... 033
3.3.1 衡盾泥固结试验方案 ... 033
3.3.2 衡盾泥固结机理分析 ... 034

3.3.3 衡盾泥分级加压固结模拟分析 ······ 041

第 4 章 衡盾泥泥膜保压效果 ······ 046

4.1 衡盾泥泥膜进气值 ······ 046
4.1.1 衡盾泥泥膜水分特征曲线 ······ 046
4.1.2 衡盾泥泥膜进气值拟合结果 ······ 049

4.2 衡盾泥泥膜保压效果理论分析 ······ 050
4.2.1 泥膜孔径透气模型的建立 ······ 051
4.2.2 衡盾泥泥膜透气分析 ······ 052

4.3 衡盾泥泥膜保压效果试验分析 ······ 055
4.3.1 衡盾泥泥膜闭气试验测试 ······ 055
4.3.2 衡盾泥泥膜渗气系数 ······ 056

第 5 章 衡盾泥施工工艺 ······ 058

5.1 衡盾泥制备工艺 ······ 058
5.1.1 衡盾泥 A 液泥浆拌制设备与工艺 ······ 058
5.1.2 衡盾泥混合设备与工艺 ······ 062
5.1.3 衡盾泥运输工艺 ······ 064
5.1.4 衡盾泥注入设备与工艺 ······ 065
5.1.5 衡盾泥一体化设备与工艺 ······ 066

5.2 衡盾泥泥膜护壁带压进仓施工工艺 ······ 067
5.2.1 衡盾泥泥膜护壁带压进仓工法流程 ······ 067
5.2.2 衡盾泥泥膜护壁带压进仓施工要点 ······ 068

第 6 章 工程应用和技术发展 ······ 071

6.1 应用于福州地铁 1 号线盾构机下穿闽江工程 ······ 072
6.1.1 工程简介 ······ 072
6.1.2 衡盾泥应用过程 ······ 074
6.1.3 衡盾泥泥膜护壁进仓作业效果和技术发展 ······ 075

6.2 应用于广州地铁 21 号线红层复合地层盾构工程 ······ 077
6.2.1 工程简介 ······ 077
6.2.2 衡盾泥应用过程 ······ 078

6.2.3 衡盾泥泥膜护壁进仓作业效果和技术发展 ·············· 082

6.3 应用于兰州地铁 1 号线高水压大粒径砂卵石地层盾构工程 ·············· 083
6.3.1 工程简介 ·············· 083
6.3.2 衡盾泥应用过程 ·············· 085
6.3.3 衡盾泥泥膜护壁进仓作业效果和技术发展 ·············· 087

6.4 应用于广州地铁 8 号线全断面富水砂层盾构工程 ·············· 089
6.4.1 工程简介 ·············· 089
6.4.2 衡盾泥应用过程 ·············· 090
6.4.3 衡盾泥泥膜护壁进仓作业效果和技术发展 ·············· 092

6.5 应用于厦门地铁 2 号线双仓式泥水平衡盾构机下穿海域塌陷段工程 ··· 092
6.5.1 工程简介 ·············· 093
6.5.2 衡盾泥应用过程 ·············· 094
6.5.3 衡盾泥泥膜护壁进仓作业效果和技术发展 ·············· 096

6.6 应用于佛山地铁 2 号线单仓式泥水平衡盾构机穿越地下障碍物工程 ··· 097
6.6.1 工程简介 ·············· 098
6.6.2 衡盾泥应用过程 ·············· 100
6.6.3 衡盾泥泥膜护壁进仓作业效果和技术发展 ·············· 101

6.7 应用于广州地铁 13 号线多次塌方地层工况盾构工程 ·············· 102
6.7.1 工程简介 ·············· 102
6.7.2 衡盾泥应用过程 ·············· 104
6.7.3 衡盾泥泥膜护壁进仓作业效果和技术发展 ·············· 105

6.8 应用于广州地铁 14 号线孤石和基岩侵入地层工况盾构工程 ·············· 106
6.8.1 工程简介 ·············· 106
6.8.2 传统进仓方法的应用情况 ·············· 109
6.8.3 衡盾泥泥膜护壁进仓作业效果和技术发展 ·············· 115
6.8.4 各种工法应用效果比较 ·············· 117

展望 ·············· 118

附录 衡盾泥应用项目统计表 ·············· 121

参考文献 ·············· 124

后记 ·············· 128

第1章 绪论

1.1 研究背景

"水"是地下工程第一风险元素,是地质认知的重要环节,可以说很多地下工程事故的根源在于地下水。虽然现代化的盾构机,规避了作业人员直接面对渗水、突水的开挖面,大大降低了工程事故的概率和损失程度。但广州地铁历经25年、350多台次富水复合地层盾构工程实践表明,富水断裂带、储水溶洞等很多与水直接相关的风险,始终是制约盾构工程的常见难题。因此,建设者自20世纪90年代就一直在思考如何处理地下水的问题,减少其对施工的影响,由此在1996年提出了"喷涌"的概念。

随着盾构工法在复合地层中的推广应用和大规模的工程实践,作为我国复合地层盾构应用的开拓者,广州地铁更深刻地认识到盾构施工动态平衡的重要性,即盾构施工中,在保证开挖面稳定的同时,应使掘进切削下来的土体既能正常进入密封仓,又能顺利地从密封仓中排出来,由此在2004年提出了"滞排"的概念。滞排问题,不仅可能发生在泥水平衡盾构施工中,而且在富水复合地层土压平衡盾构施工中,与"喷涌"孪生存在,时常引发施工风险,至今仍然是盾构施工的一大难点。

近十年来,盾构工法在我国的应用越来越广泛,并开始向大直径、大埋深发展,例如南京纬七路、纬三路大盾构机,武汉三阳路大盾构机等。大埋深、大断面预示着开挖断面范围内将出现更多工程特性悬殊的地层,如上软下硬地层,大粒径的砾石块、卵石、孤石等。盾构施工面临一系列问题,其中滞排仍是主要问题,滞排致使刀盘刀具磨损加剧,甚至大粒径卵石块卡住刀盘开口等,因此进仓检查处理变得更为频繁。例如,盾构机在上软下硬的复合地层中,一般掘进二三十米就必须进仓检查或更换刀具,有时甚至更短。但进仓作业风险大,在密封仓密闭空间内作业,一旦开挖面地层失稳,往往造成严重的人身伤害与财产损失。根据目前国内已公开的事故统计,全国各地近十年进仓换刀事故近10起,伤亡人数超过21人，工程损失巨大。

进仓维修刀盘刀具是盾构工法的重要工序，有时是必需的工序。进仓方法分为常压和带压两种。常压进仓是在开挖面地层自身稳定或者通过加固后稳定的情况下，作业人员进入盾构密封仓内工作。复合地层地质条件下，开挖面范围大多存在软弱地层，常压进仓之前要进行地层加固，但地层加固工期长、占用地面时间长、对环境影响大、费用高，且加固质量也难以保证；若停机位置处于建（构）筑物或江河底下，则无法进行地面加固，因此带压进仓是不得不考虑的选择。

带压进仓是采用泥浆在开挖面形成隔气泥膜（即泥膜护壁），再通过往密封仓内注入气体形成压力来维持开挖面的稳定，作业人员进入密封仓，在气压状态下作业。其关键是保证泥膜的保压效果，否则一旦出现漏气过大使得开挖面失去稳定，轻则地面塌陷，重则水沙灌入，淹没盾构机和隧道，导致重大安全事故发生。传统的泥膜致密性差且易剥落，漏气泄压概率大，在地下水丰富或者渗透系数大的地层中，甚至难以成膜。因此如何施作高性能泥膜从而提高带压进仓的安全性，是盾构工程中的世界性难题。

1.2 泥膜护壁带压进仓国内外研究现状

泥膜护壁，即泥浆在压力作用下向地层中渗透，泥浆中固相颗粒封堵地层孔隙，未渗透的泥浆在开挖面形成不透水或微透水的介质。当在低渗透性的黏土、粉质黏土、粉细砂等地层中施工时，泥浆容易在掌子面上形成泥膜，但在中粗砂、砾砂甚至卵砾石等高渗透性地层中施工时，泥浆则极易穿透地层孔隙而大量逸失，无法在掌子面上形成泥膜。

截至目前，国内外学者主要从泥膜的形成机理和泥膜材料方面进行较多的研究，而系统地从泥膜护壁到带压进仓全过程的研究则很少。

1）泥膜形成机理的研究

国内外学者通过渗透试验，对泥膜的形成机理进行研究，认为泥膜形成的机理主要包括：

（1）泥浆特性，特别是由于黏滞引起的"渗透阻力"作用；

（2）由于泥浆中悬浮的细颗粒对砂层颗粒间隙起到的"堵塞孔眼"作用。

试验结果显示,泥浆的密度、黏度、含砂量对泥膜的形成均有影响,特别是和混杂在泥水中砂颗粒的最大粒径和砂颗粒的含量有很大的关系。对开挖面而言,在加压泥浆渗透到地层土中的同时,泥水中的砂成分和黏土堵住了地层土中的间隙,从而形成了渗透系数非常小的泥膜。

2)泥膜材料性质的研究

泥浆的组成材料及性质是影响泥浆特性的主要因素,对泥浆能否成膜及泥膜质量影响重大。工程泥浆主要分为两类:

第一类为单一泥浆体系,即由膨润土和水所组成的分散泥浆体系,国内外针对此类泥浆的研究较多。研究结论为:纯膨润土泥浆只适用于渗透系数在 $1\times10^{-4}\sim5\times10^{-3}$ cm/s 之间的地层,当地层渗透系数大于此范围时,则需在泥浆中加入添加剂增加其黏度才能成膜。传统泥膜护壁带压进仓主要采用膨润土泥浆施作泥膜,如前所述,其存在一定的局限性。

第二类为复合泥浆体系。有学者通过试验发现,聚合物和正电胶作为处理剂具有抑制黏土分散性、稳定砂土及改善泥浆特性等作用,据此研发了聚合物正电胶(PMS)泥浆体系,其具有合理的粒度级配,能快速形成高质量的泥膜,有利于隧道盾构开挖面的稳定。另有学者采用水、天然黏土、普通淀粉和微量固体碱配制了一种绿色泥浆,该泥膜结构致密、抗渗能力强。但聚合物正电胶(PMS)泥浆和绿色泥浆都缺少工程应用实例,尤其是绿色泥浆目前仅在室内试验中研究,还未通过实际工程的检验。

除上述研究外,有学者也偶尔提到设备和工艺对泥膜护壁效果的影响:传统搅拌设备功率不足,搅拌叶片形状简单,往往不能保证泥浆搅拌的质量,且传统膨润土泥浆的制备往往需要长时间静置膨化等。有关泥浆制备及使用过程中搅拌、泵送工艺对泥膜护壁效果的影响,很少有深入研究。

综上所述,目前国内外有关盾构泥膜护壁带压进仓的研究集中在以膨润土为基材的泥浆性能上,且大多针对某种单一的地层,没有系统地研究不同地层对应的材料配比。而基本没有对搅拌泵送设备的研究,工程中根据经验利用已有设备或在实际施工中遇到问题时再临时更换,这对泥膜护壁的施作质量造成了更多的不确定性。对工艺的研究也非常少。带压进仓过程中出现泥膜护壁保压不成功的工程案例很多,如智利圣地亚哥 South Bay Ocean Outfall 隧道(长 4.3km,位于海面以下 70m 处),总计 16 次带压进仓作业中就有 6 次保压不成功;事后分析,不成功的原因不仅与材料及其配比有关,而且还与搅拌设备、运输和注入工艺有关。

因此,课题组坚定了信心,并明确了攻关的思路:以问题为导向,现场实践和室内试验相结合,融合材料、设备、工艺流程,进行系统性创新,尽快发明研制出一种性能优越、价格合理、施工方便、安全环保的带压进仓辅助材料及其使用工艺流程,以解决国内复合地层盾构施工中时常面临的进仓安全问题。

1.3 衡盾泥辅助盾构施工技术创新点

课题组联合多家单位,历经3年多科研攻关、100多台次盾构进仓的检验及成功应用,终于在衡盾泥辅助盾构施工技术方面取得了一系列创新成果。

1)材料创新

研究发明"衡盾泥"材料,配置出高黏度的触变泥浆;该泥浆材料黏度高,形成的泥膜结构致密,且可适应高渗透地层;具有隔水性,在富水地层不易被稀释带走,成膜稳定;具有触变性,长时间固结后通过搅拌又能恢复流动性,满足泵送条件;具有一定的强度,可裹挟带出渣块,防止滞排。

2)设备创新

(1)提出衡盾泥泥膜护壁工法应用中所需的泥浆搅拌、输送和注入设备及工艺参数,满足现场泥浆需求的参数指标和用量,且相关设备多为施工现场常用设备,降低成本。

(2)研发衡盾泥泥浆连续拌制设备和泥浆搅拌、混合、注入一体化系统,实现配比准确计量,提高浆液制备及泥膜施作效率。

3)工法创新

提出衡盾泥泥膜护壁带压进仓工法,通过将衡盾泥泥浆填充、挤压、劈裂进入施工孔隙和地层孔隙及裂隙,及时封堵地层中泄水、泄气的通道,并在开挖面形成一定厚度、结构致密、稳定性好的泥膜,突破盾构机在特殊不稳定地层下进仓作业的困难。该技术同时适用于土压平衡盾构机和泥水平衡盾构机(单仓式和双仓式)施工,适用于全断面岩层、全断面砂层、全断面砂卵石层及各种上软下硬地层等,并适用于孤石、地层塌方、大水压等各种极端工况。

本书将依次从材料性能、成膜机理、泥膜保压效果、泥膜护壁带压进仓施工工艺、工程应用和技术发展五个方面介绍衡盾泥辅助盾构施工技术的创新成果。

第2章　衡盾泥材料性能

衡盾泥是以膨润土为基材，经改性后与增黏剂反应形成的一种高黏度触变泥浆，主要用于盾构施工中泥膜护壁、隔水、防滞排等。因此，需通过大量的对比试验，才能筛选出最优配比并制备出黏度高、附着力强、隔水性好等的泥浆。

2.1　衡盾泥材料

2.1.1　衡盾泥组分

衡盾泥由双组分材料配制而成（见图 2-1、图 2-2）。其中，A 组分为改性膨润土，B 组分为增黏剂。工程中用于盾构带压泥膜护壁时，A 组分与水的泥水质量比为 1∶3～1∶1.5，A 组分和水混合后与 B 组分的质量比为 12.5∶1～20∶1。

图 2-1　衡盾泥 A 组分产品　　　图 2-2　衡盾泥 B 组分产品

衡盾泥材料是在原已研究泥浆成果的基础上，参考国际上应用于盾构施工的材料性能，选择国内生产的优质膨润土，进行膨化、黏度、凝胶时间、插入沉降等性能试验(见表 2-1),经对比选择基料后,继续进行改性研究而成。

不同黏土的特性对比　　　　表 2-1

序号	黏土名称	添加剂			黏度(dPa·s)	凝胶时间(min)	插入沉降(mm)	备注
		增强剂	增黏剂	稳定剂				
1	钠基膨润土	—	—	—	200	12.0	-50.0	
		—	V1	—	350	12.0	-30.0	
2	钙基膨润土	—	—	—	分层	无凝胶	—	加入B液
		—	—	V2	250	16.0	-40.0	
3	未改性膨润土（蒙脱土）	—	—	—	450	8～10	-35.0	
		—	V1	—	340	8～10	-6.0	
		V3	—	—	380	6	-5.0	
4	高岭土	V3	—	V2	450	6	-6.0	

注:1. 泥水质量比为 1:2.0。
　　2. B 液掺入比约为 1/16.7。
　　3. V1、V2、V3 为不同添加剂。
　　4. 插入沉降试验是选用 φ6.5mm、长 300mm、质量 26.9g 的玻璃棒进行自然状态沉入浆体的试验。

通过对多种黏土基料进行筛选测试,综合考虑后选择未改性膨润土(蒙脱土)作为衡盾泥的基料,继续进行改性试验,得到 A 组分,即改性膨润土。

2.1.2　衡盾泥基料(未改性膨润土)

衡盾泥基材为膨润土,是一种以蒙脱石为主要成分的黏土矿物,为单斜晶结构,其蒙脱石含量一般大于 65%,相对密度为 2.4～2.8,熔点 1330～1430℃。膨润土具有以下特性:

(1)吸水性

膨润土较一般黏土更能吸附水,有些膨润土能吸附本身质量 5 倍的水,同时体积膨胀至干体积的 10 倍,并形成凝胶状物质。

膨润土中的主要矿物成分为蒙脱石,由于其晶体结构的薄层间带有负电荷,使蒙脱石像一个带负电荷的大阴离子,可以吸附阳离子,如水、有机极性分子,极性基团的一端插入层间,形成蒙脱石与有机物相互交联的网状立体结构。

(2)膨胀性

水分子或有机分子进入蒙脱石的层间后,会使膨润土发生膨胀,浆体稠度增大,改善其悬浮性和防沉性能。

（3）成膜性

膨润土与水膨化后形成的浆体具有较好的凝结性和成膜性。

2.1.3　衡盾泥 A 组分（改性膨润土）

选取合适的膨润土基料后，应对膨润土进行相应的改性，以满足盾构施工泥膜护壁、控水、挟渣等不同需求。因此，改性膨润土浆体需具备以下特性。

（1）浆体的高黏稠性

浆体能在压力作用下于不同地质条件的盾构开挖面形成良好的护壁泥膜，并具有较高黏稠性。目前工程建设中常用的膨润土浆体的黏度是 300～500dPa，虽能起到临时护壁作用，但其黏度较低，不能满足复杂不良地质环境的护壁稳定需求。

（2）浆体具有一定的充填性和可灌性

盾构掘进过程中，为使浆体在压力作用下注入开挖面的孔隙和裂隙，以封堵渗水和漏气，要求浆体具有一定的充填性和可灌性。

（3）浆体具有一定的强度

膨润土浆体应具有一定的强度，以使开挖面在泥膜作用下抵抗水土压力和气体压力，确保进仓作业过程中开挖面的稳定；同时，在排渣时，能将大粒径的渣块裹挟排出。

（4）浆体具有动力触变性

在对膨润土进行改性时，须保持膨润土浆体原有的动力触变性，以便在检查、清渣或换刀等进仓作业完成后，浆体能通过搅拌恢复其流动性。

2.2　衡盾泥性能

2.2.1　衡盾泥物理性能

1）泥浆密度

泥浆密度是泥浆性质的一个重要指标，它反映了泥浆中固相颗粒的含量，若地层孔隙较大，泥浆密度小时则不易成膜。

工程上常用泥浆比重秤测量泥浆密度,图2-3为1002型泥浆比重秤,它主要由泥浆杯、横梁、游码和支架四部分组成,在横梁上设有校准用的调重管和水平气泡。在B液掺入量不变的条件下,当A液泥水质量比不同时,配出的衡盾泥浆体密度见表2-2,得到的A液泥水质量比与泥浆密度关系如图2-4所示。从数据上看,在B液掺入量相同的情况下,A液泥水质量比越低,密度越小。因此,可根据地层情况,进行配比调整。

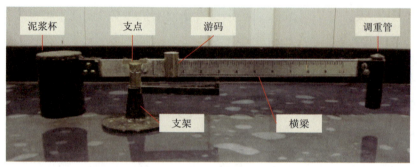

图2-3　1002型泥浆比重秤

A液不同泥水质量比对衡盾泥泥浆密度的影响　　　表2-2

A液泥水质量比	1∶1.5	1∶1.8	1∶2.0	1∶2.5
密度(g/cm³)	1.26	1.24	1.22	1.13
A液与B液质量比	12.5∶1	12.5∶1	12.5∶1	12.5∶1

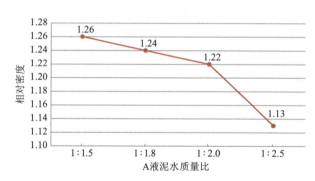

图2-4　A液泥水质量比与衡盾泥浆密度关系图

2)泥浆黏度

泥浆黏度同样也是泥浆性质的重要指标之一,它反映了泥浆黏性的大小及泥浆的流变特性,也反映出被泵送及挟带渣土的能力。

(1)测试仪器

在工程中,常说的泥浆黏度为漏斗黏度(见图2-5),采用马氏漏斗或苏式漏斗测得,但工程中的泥浆多为低黏度泥浆,对于衡盾泥采用漏斗已无法测出其黏度,因此选用 NDJ-79 型旋转黏度仪来测试衡盾泥的黏度指标(见图 2-6)。NDJ-T9 型旋转黏度仪主要技术参数见表 2-3。

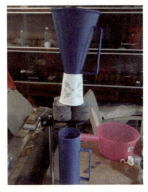 

图 2-5　采用泥浆三件套测量漏斗黏度　　图 2-6　NDJ-79 型旋转黏度仪

NDJ-79 型旋转黏度仪主要技术参数　　　　表 2-3

黏度测量范围(mPa·s)	$1 \sim 1 \times 10^5$
仪器转子	分Ⅱ、Ⅲ单元
仪器转速(r/min)	750，75，7.5
样品容量(mL)	15 ~ 75
仪器电源	交流电 220V，50Hz
仪器尺寸(mm)	170×140×440
仪器毛重(kg)	12

(2)衡盾泥泥浆黏度

①A 液泥水质量比对衡盾泥泥浆黏度的影响

在加入等量 B 液的情况下,通过改变 A 液泥水质量比和搅拌时间,得出 A 液泥水质量比对衡盾泥泥浆黏度的影响,具体数据见表 2-4 及图 2-7。

A 液不同泥水质量比衡盾泥泥浆黏度测试结果　　　　表 2-4

项　目		A 液泥水质量比					
		1:1.5	1:1.8	1:2.0	1:2.5	1:3.0	1:3.5
黏度 (mPa·s)	15min	4280	1700	1200	760	200	150
	30min	9510	2140	1380	980	303	177
	45min	14600	2800	1600	1290	342	226

注:1. 黏度采用 NDT-8s 型旋转黏度仪(100mPa·s=1dPa·s)。

2. 涂 4 杯黏度采用涂 4 杯黏度计测量泥浆泥水质量比。

3. 衡盾泥 A 液加水后的搅拌速度为 400r/min,B 液加入后的搅拌速度为 300r/min。

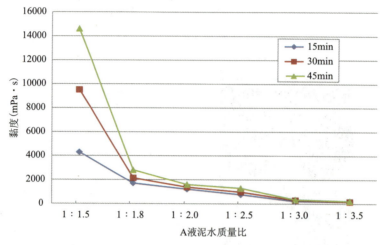

图 2-7 A 液不同泥水质量比对衡盾泥泥浆黏度的影响曲线

在不加入 B 液的情况下，A 液不同泥水质量比对衡盾泥泥浆黏度的影响见表 2-5 和图 2-8。

A 液不同泥水质量比衡盾泥泥浆黏度测试结果（单位：mPa·s） 表 2-5

时间(min)	A 液泥水质量比					
	1∶1.5	1∶1.8	1∶2.0	1∶2.5	1∶3.0	1∶3.5
15	5740	1820	800	413	200	—
30	9500	2400	1880	728	303	146
45	15100	2600	2080	930	342	180
60	15800	2850	2150	920	386	240

注：将不同组分配好的衡盾泥搅拌均匀后置于搅拌机，并以 750r/min 的速度搅拌 15min、30min、45min、60min 后静置 5min 进行黏度测试，观测浆体黏度随搅拌时间的变化。

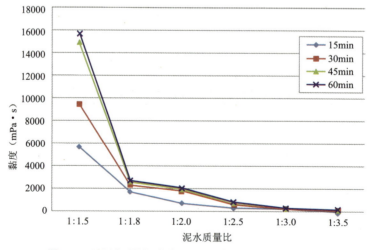

图 2-8 A 液泥水质量比、搅拌时间对衡盾泥泥浆黏度的影响曲线

从数据上看,即在相同条件下,衡盾泥泥浆黏度与 A 液中的黏土含量在一定范围内成正相关,与混合搅拌时间在一定范围内成正相关。因此,可以通过调节 A 液的泥水质量比及搅拌时间来调整衡盾泥泥浆的黏度。

② B 液掺入量对衡盾泥泥浆黏度的影响

在 A 液相同泥水质量比条件下,通过加入不同含量的 B 液,得出 B 液掺入量对衡盾泥泥浆黏度的影响规律,具体数据见表 2-6。由表可见,B 液掺入量越大,黏度越大。即在相同条件下,衡盾泥黏度与 B 液掺入量在一定范围内成正相关。

B 液掺入量对衡盾泥泥浆黏度的影响(单位:mPa·s)　　表 2-6

A 液泥水质量比	B 液掺入比			备　注
	1/20	1/12.5	1/10	
1:1.5	46600	53000	63000	掺入 B 液 30min 后静置 5min 测试
1:1.8	46600	46000	43000	掺入 B 液 30min 后静置 5min 测试

③膨化时间对衡盾泥泥浆黏度的影响

第一组配比:A 液泥水质量比 1:2.0;B 液 0,密度为 1.21g/cm³。将泥浆静置膨化,在不同膨化时间段测其黏度,具体数据见表 2-7。

膨化时间对衡盾泥泥浆黏度的影响　　表 2-7

时 间 点	黏度(mPa·s)			
	第一组试样	第二组试样	第三组试样	平均值
14:00(开始时间)	5000	5000	5500	5200
15:11	6500	6500	6800	6600
15:41	4500	6200	6500	5700
16:30	7500	6500	6500	6800
17:30	7000	7000	7500	7200
18:27	7500	8000	7300	7600

第二组配比:A 液泥水质量比为 1:2.0,B 液掺入比为 1/20(即 B 液的掺入量为 A 液质量的 1/20)(B 液在 A 液达到膨化时间后加入)。用旋转黏度仪测得衡盾泥的黏度,见表 2-8。

膨化时间对衡盾泥泥浆黏度的影响　　表 2-8

时 间 点	黏度(mPa·s)			
	第一组试样	第二组试样	第三组试样	平均值
15:27(开始时间)	12500	11000	12000	11800
15:55	11500	12000	10000	11200
17:12	11000	11000	11500	11200
18:00	11500	10000	11000	10800
18:37	10500	10000	13000	11200
18:45	12000	11000	12500	11800

试验结果表明,第一组试样为 A 液泥水质量比 1∶2.0 的泥浆,其黏度随着膨化时间的增大而增大。与第一组相比,第二组试样在加入掺入比 1/10 的 B 液后,其黏度大幅度提高(见图 2-9),但膨化时间对泥浆黏度的影响规律不明显。

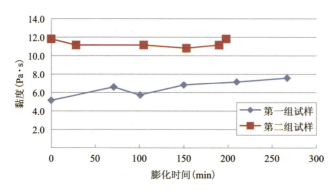

图 2-9　膨化时间对衡盾泥泥浆黏度的影响曲线

2.2.2　衡盾泥工程性能

1)衡盾泥保水性

在长×宽×高为 10cm×5cm×2cm 的水泥砂板上,分别刮涂厚 1.0cm、2.5cm 的衡盾泥浆体,并分别置于 40℃恒温和室温(17~21℃)下进行失水试验,记录失水与膜体的变化。通过试验,衡盾泥浆体成膜后在不同温度环境下失水率变化情况见表 2-9。养护时间与失水率关系曲线如图 2-10 所示。

由试验结果可得:

(1)在相同 B 液掺入量和 A 液相同泥水质量比的情况下,浆体失水率与养护环境温度成正相关,与泥膜厚度成负相关性,与养护时间成正相关性。

(2)在 A 液相同泥水质量比的情况下,相同养护温度环境下,浆体失水率与 B 液掺入量无明显关系。

(3)衡盾泥浆体泥膜进行 40℃恒温失水试验,经过 70h 才出现底部翘边、膜体收缩出现纵向横向裂缝,但膜体仍能附着试件面上。

2)衡盾泥黏附性

本试验的目的是了解衡盾泥泥膜的黏附护壁能力。其试验条件为:

(1)将配制好的衡盾泥浆体涂刷在马口铁板(试件板)上,厚 1~2mm;

(2)将试件置于 40℃恒温环境,分时间段取出进行附着力测试。

第 2 章　衡盾泥材料性能

衡盾泥浆体成膜后在不同温度环境下失水率变化情况　　　表 2-9

试样序号	A 液泥水质量比	B 液掺入比	温度(℃)	膜厚(cm)	养护时间(h) 0.5	1.0	2.0	3.0	22.0	24.0	27.0	45.0	70.0
1	1：1.8	1/12.5	恒温 40℃	2.5	2.87	5.51	10.19	15.26				42.79	50.95
			表观	2.5	无变化	底面剥	侧面裂	中间裂				5 条缝	无变化
2	1：1.8	1/12.5	恒温 40℃	2.5	2.49	5.38	10.48	15.25				43.68	51.85
			表观	2.5		底面剥	底面剥	底面剥				纵横两条	
3	1：2.0	1/12.5	恒温 40℃	1.0		9.49		17.96	32.03	51.18	69.49	72.2	
			表观	1.0		无变化		1 条缝	2 条缝	无变化	3 条缝	4 条缝	
4	1：2.0	1/12.5	17～21℃	1.0			0.62		7.23	8.33	9.9	16.98	34.59
			表观	1.0			无变化		无变化	无变化	无变化	无变化	无变化
5	1：2.0	1/6.7	17～21℃	1.0			1.2		7.7	9.36	11.02	18.12	34.74
			表观	1.0			无变化		无变化	无变化	无变化	无变化	中间 1 条裂缝
6	1：2.0	1/6.7	恒温 40℃	1.0		10		20	31.61	49.94	51.76	57.94	
			表观	1.0		无变化		无变化	无变化	无变化	2 条横裂	3 条缝	
7	1：2.0	1/5	17～21℃	1.0			1.22		9.31	10.38	12.21	20.76	39.23
			表观	1.0			无变化		无变化	无变化	无变化	无变化	中间 1 条裂缝
8	1：2.0	1/5	恒温 40℃	1.0		8.88		17.22	26.25	36.38	43.88	52.08	
			表观	1.0		无变化		无变化	底面裂	2 条裂缝	1 纵 3 横裂缝	3 条裂缝	

注：表中数据为失水率(%)。

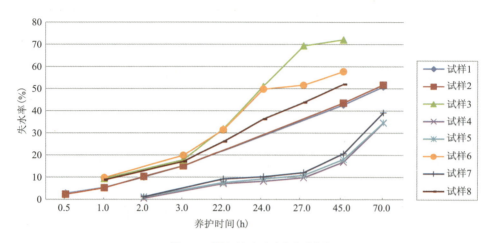

图 2-10　养护时间与失水率关系曲线

衡盾泥浆体泥膜失水过程附着力测试数据见表 2-10。由表可以看出，衡盾泥浆体随失水量增加，附着力级数越大，说明泥膜具有较强的护壁附着力（见图 2-11）。

衡盾泥浆体泥膜失水过程附着力测试数据（恒温 40℃）　　表 2-10

时间段(min)	失水率(%)	附着力(级)	备　注
8	29.4	1	膜体未干
12	38.7	3	膜体表面干，未裂
15	38.8	5	膜体表面干，未裂
20	47	7	膜体表面出现裂纹

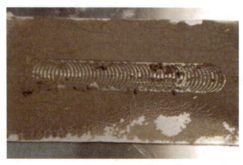
a) 40℃，15min，附着力 5 级

b) 40℃，20min，附着力 7 级

图 2-11　泥膜附着力测试情况

3) 衡盾泥耐水性

(1) 静水条件下

①试验一：将配制好的衡盾泥置于桶壁已布好透水孔的塑料桶中，形成一圈

底边泥浆厚约 5.0cm 的泥膜;将试样桶置于装有水的大桶中,外部浸水距试样桶面 3～5cm。

②试验二:制作试验桶直径 24cm、高 25cm,圆桶周壁按 3cm×3cm 间距布设一个 φ2.5mm 孔洞,共计 168 个;将现场工地河砂置于试验桶周壁,厚约 4.0cm、高约 20cm;砂的环形壁上压填厚 2.5cm 的环形泥膜,至砂面高度,共压填泥浆体约 4.5kg;待浆体自稳 30min 后,将试样桶置于 150L 大桶中,缓慢加水至 22.0cm 高,观察外水通过孔洞进入砂层后衡盾泥泥膜的耐水渗透性和自稳性。

上述两个试验中,经过 24h 直观观测,几乎无水渗入试样泥膜的中心圆中(见图 2-12、图 2-13),认为衡盾泥材料在静止水压下,具有一定的耐水渗透性和自稳性,隔水效果较强。

图 2-12　试验一 24h 后情况

图 2-13　试验二 24h 后情况

(2)动水条件下

衡盾泥浆体耐水压剥离试验条件(见图 2-14):

①取水泥板长约 60cm、宽 30cm,清理基面。

②按 A 液泥水质量比 1∶2.0、B 液掺入比 1/12.5 制备泥浆。

③将衡盾泥浆体刮涂在水泥板上,厚 5.0cm。

④将板侧立,在衡盾泥浆体中插入注水管,管口至混凝土板面上。

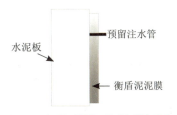
图 2-14　衡盾泥浆体泥膜耐水剥离试验

试验通过在混凝土板面与衡盾泥膜之间注水,观测泥膜耐水剥离的效果。

试验结果:通过手压泵在预埋注水管中压注清水,压力达 0.2MPa 时,不出水,泥膜完整;压力达 0.4MPa 时,泥膜出水,时隔 3min 后,泥膜剥脱。由此表明,衡盾泥泥膜在动水条件下,仍具有较强的稳定性,不易被带走。

4）衡盾泥水稳定性

衡盾泥浆体水稳定性试验过程：将配比为 A 液泥水质量比 1∶2.0、B 液掺入比 1/12.5 的衡盾泥制成高径比为 2 的圆柱体试件，分别置于清水、盐水中浸泡（见图 2-15、图 2-16）。

图 2-15　浸泡于清水中的衡盾泥试样　　图 2-16　浸泡于盐水中的衡盾泥试样

试验结果：

（1）浸泡于清水的试样，经过 11 个月的浸泡观察，浆体试样稳定无离散。

（2）浸泡于盐水的试样，经过 10 个月的浸泡观察，浆体试样稳定无离散。

5）衡盾泥承载力

衡盾泥浆体的承载能力是解决盾构掘进过程中砾石、卵石、渣土滞排问题的关键。衡盾泥浆体承载能力试验情况见表 2-11 及图 2-17～图 2-22。从试验数据来看，衡盾泥泥浆具有一定的承载能力，因此在裹挟住大粒径的渣块后能将其挟带排出。

衡盾泥浆体承载能力试验　　表 2-11

序号	1	2	3	4	5	6
载荷物规格（mm）	200×200×70	200×200×70	100×100×100	70×70×70	150×150×150	500×500×50
载荷物放置方式	平放	侧放	平放	平放	平放	成年男子站立
载荷物质量（kg）	6.5	6.5	2.5	0.8	8.0	65.0
载荷强度（kPa）	1.6	4.5	2.5	1.6	3.5	2.6
沉降量（mm）	5	30	5	2	5.0	50

注：1. 序号 1～5 是室内扩大试验统计值。

2. 序号 6 是衡盾泥首次在福州地铁 1 号线过闽江段应用的情形，在出泥斗车上站人，置换泥浆时见裹挟刮刀排出。

图 2-17 衡盾泥搅拌均匀后静置 15min

图 2-18 载荷测试（6.5kg 石块平放，不下沉）

图 2-19 6.5kg 立方体石块载荷测试

图 2-20 2.5kg 立方体石块载荷测试

图 2-21 8kg 立方体石块载荷测试

图 2-22 成年男子站立于约 500mm× 500mm 木板进行载荷测试

6）衡盾泥浆体触变性

将衡盾泥浆体置于常温不通风的环境中，并在没有失水的情况下，待浆体完全塑化后，对衡盾泥浆体进行再次搅拌（见图 2-23、图 2-24）；搅拌一段时间后，浆体恢复流动性（见图 2-25～图 2-26），满足泥膜形成后仓内气浆置换和恢复掘进时刀盘转动的要求。

图 2-23　塑化一段时间的衡盾泥浆体

图 2-24　对已完全塑化的衡盾泥浆体进行再次搅拌

图 2-25　搅拌过程中，衡盾泥浆体黏度逐渐降低

图 2-26　经搅拌，浆体再次恢复可流动状态

对搅拌前后的衡盾泥浆体进行黏度测量（见表 2-12 和图 2-27），衡盾泥浆体在相同 A 液泥水质量比（1∶2.0）、相同 B 液掺入量（掺入比 1/12.5）的情况下，放置不同时间后，衡盾泥浆体再次搅拌，仍能发生触变反应，触变搅拌后黏度下降率为 79.42%～82.56%。

衡盾泥浆体放置不同时间后触变黏度变化　　　　表 2-12

浆体放置时间(min)	30	60	120	备注
搅拌前黏度(mPa·s)	39000	44500	66500	初始黏度为 3300mPa·s
搅拌后黏度(mPa·s)	6800	9160	12900	
搅动后黏度下降率(%)	82.56	79.42	80.60	

注：1. A 液泥水质量比为 1∶2.0，B 液掺入比 1/12.5。
　　2. 将衡盾泥浆体配制好分别放置预定时间进行测试。

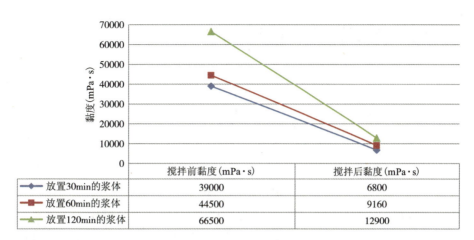

图 2-27　衡盾泥浆体放置不同时间后触变黏度变化曲线

将 A 液泥水质量比 1∶2.0、B 液掺入比 1/12.5 的衡盾泥浆体放置 30min 塑化后,进行搅拌恢复流动性测试,同时测量不同搅拌时间下浆体的黏度。衡盾泥浆体塑化后黏度达到 39000mPa•s,随着搅拌时间的增加,浆体黏度从 39000mPa•s 下降到 2980mPa•s(见表 2-13 和图 2-28),即衡盾泥浆体塑化后的黏度与再次搅拌的时长在一定范围内成负相关性。

衡盾泥浆体塑化后触变搅拌时长对其黏度的影响　　表 2-13

搅拌时长(min)	5	10	20	30	45
搅拌后黏度(mPa·s)	8800	5900	4000	3360	2980
搅动后初始黏度下降率(%)	77.44	84.87	89.74	91.38	92.36

注:1. A 液泥水质量比为 1∶2.0,B 液掺入比 1/12.5。
　　2. 浆体静置 30min 后,初始测试黏度 39000mPa•s。

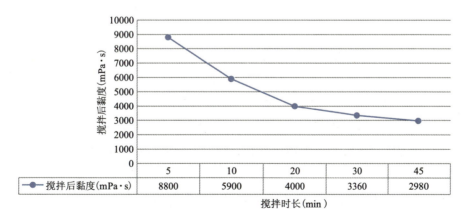

图 2-28　衡盾泥浆体塑化后触变搅拌时长对其黏度的影响曲线

第3章　衡盾泥成膜机理

将衡盾泥注入开挖面,在压力作用下,一部分泥浆颗粒在开挖面地层中渗透（扩散）,形成地层颗粒间的胶结物或裂隙的填充物;另一部分堆积在开挖面,固结成泥膜。虽然盾构开挖面地层的岩土特征千差万别,但针对成膜,可按颗粒规格和渗透系数等特征进行归类模拟地层。通过衡盾泥泥浆在系列模拟地层中的渗透试验、扩散分析及固结试验,探究出衡盾泥的成膜机理。

3.1　衡盾泥渗透机理

泥浆成膜类型可分为三种:一是泥皮型,无渗透;二是渗透带加泥皮型;三是完全渗滤型,即泥浆全部渗入到地层,成膜无效。从泥膜保压效果及掌子面稳定性考虑,形成渗透带加泥皮型泥膜是最优选择,这就需要根据不同地层选取合适配比的泥浆。因此,对衡盾泥进行渗透试验,研究不同配比衡盾泥泥浆在不同地层中的渗透规律。

3.1.1　衡盾泥渗透试验方案

1）试验目的

模拟密封仓内衡盾泥泥浆向开挖面土层渗透和在开挖面表面堆积的过程,观察泥浆在压力作用下向土层渗透的形态,测试泥浆的渗滤量和渗透距离。

2）试验装置

采用如图3-1所示的自制泥浆成膜与气密性试验装置。装置的主体是一个内径为8.4cm、高80.0cm的有机玻璃柱,可模拟盾构机的密封仓—开挖面—土层系统。试验柱上部连接空压机,装置密封后,施加一定的气压可模拟施工中的泥浆压力;下部连接集水装置,可实时记录泥膜的滤水量。该装置可承受的最大压力为 1.0MPa,通过与玻璃柱连接的调压装置监测柱内上部气压,保持压力的稳定。为了保证渗出水的收集效果,最下部设置了 5~10cm 的滤水层并在其底面铺有滤膜,使土层底面的渗透边界一致。装置底部开设排水管,用来收集试验过程中渗出的水或泥浆,以观测试验过程中渗出水的状态,测量试验过程中泥浆的滤失量。装置的侧壁上贴有刻度纸,可以测量土层和泥浆的高度,试验结束后,可以观测泥浆的入渗距离、土层表面泥浆颗粒堆积的厚度。

在试验装置中依次装入滤层和土层并反向饱和,然后注入试验泥浆并将装置密封;通过调压装置设定泥浆的渗透压力,进行一定时间的泥浆渗透成膜试验,记录泥膜闭气过程中滤水量变化及泥膜厚度变化;然后进行不同加压方式下的泥膜闭气试验,测定泥膜闭气过程中的滤水量变化和泥膜的厚度及含水率。

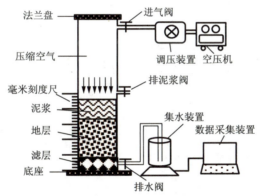

图 3-1　自制泥浆成膜与闭气试验装置示意图

3)试验材料及试验方案

(1)衡盾泥

衡盾泥 A 液泥水质量比分别为 1∶1.5、1∶2.0、1∶3.0,B 液掺入比分别为 1/15、1/20、1/25、1/30。

对衡盾泥泥浆进行颗分试验,得到如图 3-2 所示衡盾泥粒度成分累计曲线。通常情况下,采用泥浆粒度成分累计曲线 85% 对应的粒径表示衡盾泥泥浆粒径,即 $d_{85}=66.7\mu m$。

(2)地层

采用了 4 种单一粒组的地层,即 2~5mm、1~2mm、0.5~1mm 及 0.25~0.5mm 粒径的地层,如图 3-3 所示,单一粒组地层的粒径范围及渗透系数见表 3-1。

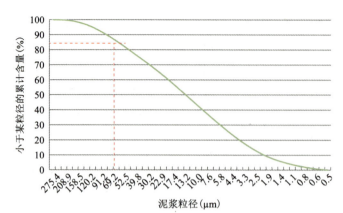

图 3-2　衡盾泥粒度成分累计曲线

单一粒组地层的粒径范围及渗透系数　　　　表 3-1

地层性质	地层序号			
	1	2	3	4
颗粒粒径范围(mm)	2～5	1～2	0.5～1	0.25～0.5
地层渗透系数(cm/s)	5.2	1.2	0.3	0.077

a) 粒径 2～5mm 地层，渗透系数 5.2cm/s

b) 粒径 1～2mm 地层，渗透系数 1.2cm/s

c) 粒径 0.5～1mm 地层，渗透系数 0.3cm/s

d) 粒径 0.25～0.5mm 地层，渗透系数 0.077cm/s

图 3-3　衡盾泥成膜试验地层

(3) 试验方案

首先配制不同黏度的衡盾泥泥浆,其次分别在不同粒径的地层中进行泥浆成膜试验。由于衡盾泥泥浆涉及 A 液和 B 液的不同配比,衡盾泥泥浆的种类较多,再加上与 4 种地层材料进行一一匹配,成膜试验工作量较大。根据常遇到的地层和衡盾泥较黏稠的特点,分别选取几种地层粒径、衡盾泥配比进行交叉组合,具体试验方案见表 3-2。

试 验 方 案 表 3-2

地层粒径范围(mm)	2～5	1～2	0.5～1	0.25～0.5
衡盾泥 A 液泥水质量比	1∶1.5	1∶2.0	1∶3.0	1∶3.0
衡盾泥 B 液掺入比	1/15	1/20	1/25	1/30

4) 试验方法

进行试验时,在制作地层模型之前,先在试验装置的底部铺一层 5～10cm 厚、颗粒均匀的滤层,要求该滤层的渗透系数比地层的渗透系数大得多,以保证不阻碍地层的渗透;同时还要求滤层的孔隙不能太大,以免试验时发生地层颗粒从滤层中流失而导致试验失败。本试验选用的滤层颗粒粒径范围在 0.25～5mm 之间,干密度控制与地层一致。

在注入泥浆之前,采用由下向上的方式,从下部排水管缓慢地向地层中注水,形成饱和地层,这种饱和方法有利于地层中气体的排出,避免地层中的气泡等影响地层的渗透性。地层饱和之后,试验过程中测到的滤出水量就等于泥浆的渗滤量。然后,在图 3-1 示装置中使用水来代替泥浆,采用常压水头测试地层渗透系数的方法来检测地层的充填状态,以保证每次试验时地层的充填状态尽量一致,减少试验误差。

随后,向试验装置内缓慢充入泥浆至最上部的排水管处,泥浆高度 15～25cm,拧紧法兰盘,密封装置;打开进气阀,使气压进入装置作用在泥浆液面上;最后打开最下部的排水阀门,开始渗透试验。

加压方式分为分级加压和一次性加压,分级加压一般每级施加 50kPa 的气压,同时记录下每级气压作用下泥浆的渗滤量,待渗滤量随时间稳定后再施加下一级气压,最大加至 500kPa(考虑泥水加压盾构机实际施工时开挖仓泥浆压力与地下水压力差的最大值)。泥浆在地层中的渗透试验加压曲线如图 3-4 所示。

试验采取分级加压的形式,是为了便于观察泥浆在地层中渗透的过程,同时也可测得某一泥浆在某地层中可承受的最大压力。本试验是在每级气压施加后测定每间隔 20s 的泥浆在地层中的渗透流量,并观察出渗水体的清浊状态。待每级气压渗滤量达到稳定标准(相邻两次读数间差值相同或相近)以后,再施加下一级气压记录下一级的渗透流量,直到设定最大压力。若无须观测各级固体压力下泥浆成膜过程,也可采用一次性加压的方式进行泥浆成膜试验。

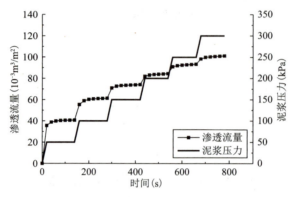

图 3-4　泥浆在地层中的渗透试验加压曲线

随着压力的增加,泥浆在地层中的渗透流量和渗透距离也在逐渐增加,当压力达到某极限值时,大量泥浆在短时间内穿透地层排出,此即该泥浆在该地层所能承受的最大极限压力值。需要说明的是,当地层渗透性大,泥浆黏度小、颗粒小时,在第一级气压下泥浆全部渗透,出渗水基本为原泥浆的状态,试验终止,这表明该泥浆在该地层中的最大极限压力小于 50kPa。本试验将泥浆渗入地层或泥浆本身失水引起的泥浆减少量定义为泥浆滤失量,单位为 mL,考虑到实际意义,将渗滤量换算为单位面积的滤失量,单位为 m^3/m^2;实际工程中泥浆的滤失量是很难直接测到的,但在室内泥浆渗透模拟试验中,由于试验地层是饱和的,所以泥浆滤失量和泥浆渗滤试验中所测的滤水量(即地层中排出的水)体积上是相等的,只要测量滤水量便可获得泥浆的滤失量。

渗透试验结束后,打开装置中部的排水阀门,排出剩余泥浆,透过有机玻璃柱观察地层表层的泥浆颗粒堆积形态并照相记录。然后取地层表面试样,用土工刀将试验地层剖开,观察深度范围内泥浆颗粒滤堵的范围和状态,对地层的形态进行定性描述,同时测量泥浆颗粒在地层表面的堆积厚度或者在地层内部的渗透距离。最后绘制不同配比的泥浆在不同地层中的渗透流量随时间的变化规律曲线,结合试验结束后泥浆颗粒在地层中的堆积形态,以及泥浆和地层的基本性质,描述泥浆的渗透过程,总结渗透的形态和模式,分析影响泥浆在地层中渗透的因素。

3.1.2 衡盾泥渗透分析

1）衡盾泥渗透规律

根据试验方案进行衡盾泥渗透试验（见图 3-5），将衡盾泥渗透过程产生的滤失量与加压时间绘制成曲线。其中，泥水质量比 1∶2.0 的 A 液与掺入比 1/20 的 B 液混合而成的衡盾泥泥浆，在地层粒径 2～5mm 地层中的渗透试验，一次性加压至 200kPa 渗透滤失量随时间变化曲线如图 3-6 和图 3-7 所示，分析该曲线得到衡盾泥渗透规律。

a）形成较长的渗透带

b）形成较短的渗透带

c）几乎没有渗透带

d）泥浆全部漏失

图 3-5 衡盾泥渗透试验

（1）衡盾泥在压力作用下的渗滤过程，可以分为两个阶段：一是 0～400s 阶段，该阶段的前 100s 是衡盾泥快速渗滤到地层孔隙并堵塞的过程，滤失量达到了

75%左右,渗透带基本形成,随着时间的延长,渗透带的长度变化不大;二是400s之后的阶段,衡盾泥渗透基本完成后,渗滤液排出非常缓慢。

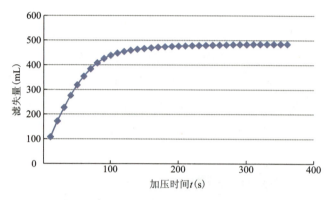

图3-6　衡盾泥成膜过程中滤失量与加压时间曲线

注:泥水质量比1∶2.0的A液与掺入比1/20的B液,粒径2～5mm地层。

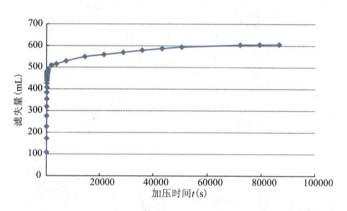

图3-7　衡盾泥成膜过程中滤失量与加压时间曲线(续)

注:泥水质量比1∶2.0的A液与掺入比1/20的B液,粒径2～5mm地层。

(2)衡盾泥渗透试验显示,泥浆形成稳定的泥膜时间需要2～4d(因滤失量与加压时间曲线中时间坐标过长,未在图上显示后续渗透情况),稳定后测得泥膜密度达到1.35～1.36g/m^3。

(3)泥水质量比1∶2.0的A液与掺入比1/20的B液混合而成的衡盾泥泥浆,在地层粒径2～5mm地层中的渗透试验,最终滤失量约为600mL,换算到单位面积上的滤失量为108L,换算到盾构开挖面直径6.28m面积上的滤失量为3343L,即满足试验中的地层、衡盾泥参数,当滤失量达到3343L时,开挖面上形成稳定的泥膜。

2）衡盾泥渗透地层匹配性

通过衡盾泥渗透组合交叉试验，统计不同地层、不同配比的泥浆所形成的渗透带长度及泥膜情况见表 3-3。

衡盾泥在各粒组地层中渗透带长度统计　　　表 3-3

A 液泥水质量比	B 液掺入比	黏度（Pa·s）	各粒径地层中衡盾泥的渗透带长度(cm)			
			2～5mm	1～2mm	0.5～1mm	0.25～0.5mm
1∶1.5	1/10	35	—	不渗透	不渗透	不渗透
	1/20	41	2.5	不渗透	不渗透	不渗透
	1/25	40	3.5	不渗透	不渗透	不渗透
	1/30	39.5	5.0	不渗透	不渗透	不渗透
	1/35	37	9.0	不渗透	不渗透	不渗透
	1/50	32	—	不渗透	不渗透	不渗透
	0	28.5	12	不渗透	不渗透	不渗透
1∶2.0	1/15	15	19	5	不渗透	不渗透
	1/20	16.5	22.4	—	不渗透	不渗透
	1/25	12.5	21	—	不渗透	不渗透
	1/30	14	20	5.3	不渗透	不渗透
	1/50	9	45	—	不渗透	不渗透
	1/90	4.5	全贯通	14.2	不渗透	不渗透
	1/150	3.5	全贯通	11.3	不渗透	不渗透
	0	7.5	全贯通	8	不渗透	不渗透
1∶3.0	1/10	3	全贯通	40.6	—	2.5
	1/20	4.5	全贯通	28.5	2	2
	1/25	5	全贯通	14.5	6.3	1
	1/30	4.5	全贯通	17	—	0.3
	1/35	5	全贯通	13		
	1/50	4	全贯通	30	0.5	
	0	2.8	全贯通	全贯通		1.4

（1）分析表 3-3 可得到低黏度泥浆在地层中的成膜情况（见表 3-4），在粒径 2～5mm 和 1～2mm 地层（即高渗透性地层）中低黏度泥浆是无法形成泥膜的；而高黏度的衡盾泥在粒径 2～5mm 地层中形成渗透带加泥皮型泥膜，在粒径 1～2mm 地层中形成渗透带加泥皮型泥膜或者泥皮型泥膜，即高黏度的衡盾泥具有适应高渗透性地层的优势，这是因为衡盾泥的高黏度能够阻碍泥浆在地层孔隙中的渗透甚至不渗透，从而改变了泥浆成膜的条件。这也是为什么在兰州高富水卵石地层中传统膨润土成膜失败而采用衡盾泥进仓成功的原因。

低黏度泥浆在地层中成膜分析 表 3-4

地层粒径(mm)	2~5	1~2	0.5~1	0.25~0.5
地层孔径(μm)	490	230	115	57.5
泥浆粒径(μm)	66.7	66.7	66.7	66.7
地层孔径/泥浆粒径	7.35	3.45	1.72	0.86
低黏度泥浆成膜规律	无法形成泥膜		渗透带加泥皮型泥膜	泥皮型泥膜

（2）通过对表 3-3 进行总结得到各种地层对应的衡盾泥配比：在砾石或者卵石等高渗透性地层中，应使用高黏度的衡盾泥，旋转黏度应在 14Pa·s 以上，即 A 液的泥水质量比选择 1∶2.0 或者 1∶1.5 较为合适，B 液的掺入比应在 1/30~1/15 之间；在中粗砂地层，应使用较高黏度的衡盾泥，旋转黏度在 10 Pa·s 以上，即 A 液的泥水质量比选择 1∶2.0 较为合适，B 液的掺入比应在 1/35~1/20 之间；在细砂地层，可使用一般黏度的衡盾泥，旋转黏度在 5Pa·s 以上，A 液的泥水质量比选择 1∶3.0 较为合适，B 液的掺入比应在 1/35~1/20 之间。

3）渗透带性质

为了研究衡盾泥泥浆渗透到地层后对地层特性的影响，本试验还对渗透带进行了无扰动取样，开展变水头试验及无侧限抗压强度试验。通过上述几种试验结果分析渗透带性质。

（1）渗透带的长度与衡盾泥的黏滞阻力、地层颗粒大小关系密切。对于同一地层，随着衡盾泥黏度的增加，渗透带长度将从几十厘米降至几厘米，甚至没有渗透带；对于同一配比的衡盾泥，随着地层渗透性的增大，渗透带从几乎没有增至几十厘米长。由于本次试验地层最大粒径只有 2~5mm，因此只能测试到 40~50cm 的渗透带，在粒径更大、渗透性更强的地层中渗透带长度将更长，衡盾泥在兰州地铁大直径高渗透性卵石层中的使用情况也证明了这点。

（2）相对于原始地层，渗透带的渗透性下降非常明显，从 1cm/s 降至 9.06×10^{-10} cm/s；同时由于衡盾泥中含有塑化剂，这有助于增加渗透带的黏聚力和地层的稳定性。

（3）通过无侧限抗压强度试验测得渗透带强度达到 80~120kPa；使用地层和泥膜混合制成的试样进行无侧限抗压强度试验，强度达到 30~50kPa。由此可见，衡盾泥不仅提高了地层的抗渗透稳定性，也能一定幅度地提高地层的稳定性，更重要的是其形成的渗透带能够大幅度提高开挖面上泥膜的渗气稳定性。

(4)对于低渗透性的粉细砂地层,建议先采用低黏度的衡盾泥或者普通的膨润土泥浆进行渗透以形成渗透带,然后再置换高黏度衡盾泥进一步制成较大厚度的泥膜进行护壁。

3.2 衡盾泥扩散机理

泥浆在地层孔隙中的运动可理解为扩散,本节采用泥浆扩散的思路,对衡盾泥在地层中形成的渗透带进行理论分析,并对上节的渗透试验结果进行进一步论证。

3.2.1 衡盾泥扩散模型建立

通常可以将地层中看似毫无规律的颗粒孔隙假定为一系列竖直的连通管道,泥浆在其中渗滤会遇到管道周边地层颗粒的黏滞阻力作用,阻碍其在地层中的扩散,待泥浆扩散到一定范围后就稳定下来形成稳定的渗透带。据此,建立衡盾泥在地层中的扩散模型,如图3-8所示。

已知地层孔径 $d_{孔}$,泥浆压力 P,泥浆黏滞阻力 τ,据地层孔隙扩散模型,可以得到以下平衡方程:

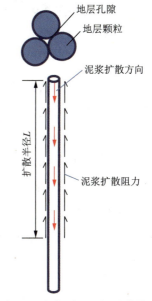

图 3-8 衡盾泥在地层中的扩散模型

$$\frac{\pi}{4}d_{孔}^2 P = \tau \pi d_{孔} L \tag{3-1}$$

则可以求得扩散半径:

$$L = \frac{P d_{孔}}{4\tau} \tag{3-2}$$

式(3-1)中泥浆黏滞阻力可以通过旋转黏度仪转筒所受的扭矩转换得到。综合考虑转筒半径和减速器,得到泥浆黏滞阻力的计算公式为:

$$\tau = \frac{M}{2\pi h r^2} \tag{3-3}$$

其中，h，r 为旋转黏度仪参数，$M=4\times10^{-5}\times A$，A 为旋转黏度仪刻盘读数。代入参数后计算得到 $\tau=3.444A$。

由于地层情况复杂，如地层不够均匀、地层较为松散，这些特性都对泥浆的扩散半径有一定的影响。

3.2.2 衡盾泥扩散分析

将上节衡盾泥泥浆渗透成膜试验中各组地层孔径、泥浆压力和测得的泥浆黏度参数代入式（3-2）中，对比其得到的扩散半径与渗透成膜试验中测得的泥浆扩散半径，结果如图3-9～图3-12所示。从图中可以看出：

（1）理论分析得到的泥浆黏度与扩散半径相关性，与渗透试验得到的相关性规律一致；

（2）衡盾泥的黏度和地层粒径对泥浆在地层中的扩散有较大影响：黏度越大，扩散半径越小，反之，扩散半径越大；粒径2～5mm地层中衡盾泥扩散半径明显大于粒径1～2mm地层中衡盾泥扩散半径。

（3）衡盾泥在地层中扩散半径理论计算公式能够反映其主要影响因素，即与地层孔径成正比，与泥浆黏度成反比，对工程实践有指导价值。但是由于试验中涉及装样紧密程度、人为干扰、泥浆放置时间以及地层颗粒形状等因素的影响，还需要进一步开展精度更高的试验以修正公式，得到更符合实际的理论计算公式。

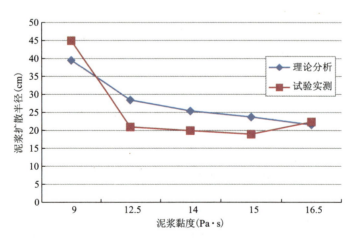

图3-9　泥水质量比1∶2.0的衡盾泥在粒径2～5mm地层中的扩散半径随泥浆黏度的变化曲线

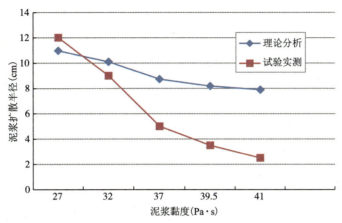

图3-10 泥水质量比1∶1.5的衡盾泥在粒径2～5mm地层中的扩散半径随泥浆黏度的变化曲线

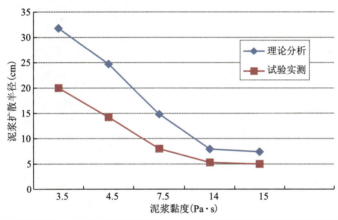

图3-11 泥水质量比1∶2.0的衡盾泥在粒径1～2mm地层中的扩散半径随泥浆黏度的变化曲线

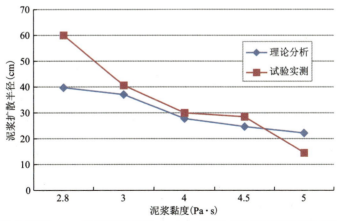

图3-12 泥水质量比1∶3.0的衡盾泥在粒径1～2mm地层中的扩散半径随泥浆黏度的变化曲线

本次分析还选取了工程实例进行论证,对广州地铁8号线北延段某区间现场衡盾泥泥膜护壁开挖面进行钻孔取样,测得衡盾泥的扩散半径为 16.5cm(见图 3-13)。同时对现场的砂土进行取样(见图 3-14),进行颗粒分析后级配曲线如图 3-15 所示,得到有效粒径 d_{60}=1.0mm,再将现场应用的衡盾泥泥浆黏度及加压参数代入式(3-2),计算得到理论扩散半径为 14.5cm。分析实际扩散半径与理论扩散半径存在出入的原因是:实际工程中盾构掘进时存在一定的超挖,对地层有一定的扰动,有利于泥浆的扩散。虽然理论分析值与实际值存在差异,但可以通过理论计算判断衡盾泥是否会在小粒径、低渗透地层中产生扩散,是否能形成渗透带加泥皮型泥膜,这对工程中指导衡盾泥配比的初步选择有一定的参考价值。

图 3-13 进仓完成后钻孔取样(扩散半径 16.5cm)　　图 3-14 现场地层土样

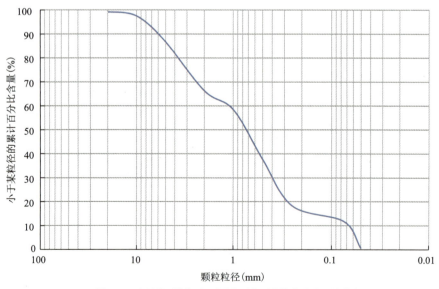

图 3-15 广州地区中粗砂、砾砂地层典型的粒度成分累计曲线

3.3 衡盾泥固结机理

在持续注浆压力作用下,衡盾泥泥浆逐步堆积在开挖面上;随着浆压的提升,堆积增厚,泥浆颗粒被挤密,固结成泥膜。因此,可通过衡盾泥泥浆固结试验,研究压力与固结成膜的相关性及其规律。

3.3.1 衡盾泥固结试验方案

衡盾泥固结试验装置如图 3-16 所示。本次试验共制作衡盾泥试样 9 个,试样直径 6.18cm、高 2cm。其中,1～4 号试样衡盾泥 A 液泥水质量比为 1:2.0,5～9 号试样衡盾泥 A 液泥水质量比为 1:1.5,B 液掺入比见表 3-5。固结过程加压等级为 12.5kPa、25kPa、50kPa、75kPa、100kPa、200kPa 和 300kPa。

图 3-16 十六联固结仪

固结试验工况 表 3-5

试验编号(A 液泥水质量比为 1:2.0)	1	2	3	4	
B 液掺入比	1/15	1/20	1/25	1/30	
试验编号(A 液泥水质量比为 1:1.5)	5	6	7	8	9
B 液掺入比	1/15	1/20	1/25	1/30	1/35

3.3.2 衡盾泥固结机理分析

1）衡盾泥固结规律

按照固结试验方案进行衡盾泥固结交叉试验，得到各级固结压力作用下各种配比的衡盾泥固结变形数据（见表3-6、表3-7），绘制衡盾泥固结变形与压力曲线（见图3-17、图3-18）。

各级固结压力作用下的固结变形 表3-6
（2号试样，A液泥水质量比1∶2.0，B液掺入比1/20）

固结压力(kPa)	12.5	25	50	75	100	200	300
各级固结压力作用下的变形增量(mm)	5.322	0.516	0.466	0.348	0.351	1.239	0
各级固结压力作用下的固结变形所占比例(%)	62.36	6.05	5.46	4.08	4.11	14.52	0.00
最终的固结变形(mm)	8.533							

各级固结压力作用下的固结变形 表3-7
（6号试样，A液泥水质量比1∶1.5，B液掺入比1/20）

固结压力(kPa)	12.5	25	50	75	100	200	300
各级固结压力作用下的变形增量(mm)	3.868	0.469	0.539	0.462	0.444	1.872	0.036
各级固结压力作用下的固级变形所占比例(%)	50.30	6.10	7.01	6.01	5.77	24.34	0.47
最终的固结变形(mm)	7.69							

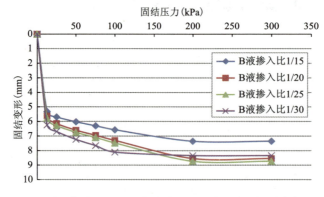

图3-17 A液泥水质量比1∶2.0的衡盾泥的固结变形随固结压力的变化曲线

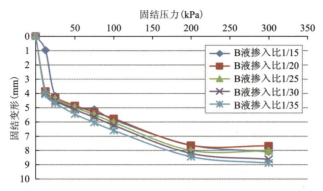

图 3-18　A 液泥水质量比 1∶1.5 的衡盾泥的固结变形随固结压力的变化曲线

通过分析上述数据与图表得到以下结论：

（1）衡盾泥固结变形大约分为三个阶段：第一阶段为初始快速固结阶段，表现为衡盾泥中的多余水分大量排出，固结变形快速发生在 12.5kPa 压力作用下，其固结变形能够达到最终变形的 50%～60%，固结完成时间在 1d 左右；第二阶段，固结变形与固结压力表现为线性关系，线性关系终止于 200kPa 左右，此阶段表现类似于软土固结变形；第三阶段，固结变形基本稳定，即固结基本完成阶段。

（2）衡盾泥的配比对固结有一定的影响：当 B 液掺入量一定时，A 液泥水质量比 1∶2.0 的衡盾泥与泥水质量比 1∶1.5 的衡盾泥相比，泥水质量比越小，初始压力作用下泥浆挤出来的水越多，初级固结压力作用下发生的变形所占比例越高，在第二阶段固结慢一些，但是两者的最终变形相差不大。当 A 液泥水质量比一定时，固结变形规律不受 B 液掺入量影响，但固结变形量随着 B 液掺入量增大而减小。

2）衡盾泥泥膜密实度变化规律

泥膜的密实度可用密度参数反应，因此试验过程中对各级固结压力作用下的衡盾泥泥膜进行取样测密度（见表 3-8）；同时分析泥膜密度与衡盾泥配比及加压时间的关系（见图 3-19、图 3-20）。

各级固结压力作用下试样密度变化　　表 3-8

试样编号	固结压力(kPa)	12.5	25	50	75	100	200	300
1	固结变形(mm)	5.322	5.686	6.02	6.296	6.566	7.347	7.346
1	试样密度(g/cm³)	1.285	1.292	1.299	1.305	1.312	1.331	1.331
2	固结变形(mm)	5.614	6.13	6.596	6.944	7.295	8.534	8.533
2	试样密度(g/cm³)	1.291	1.302	1.312	1.321	1.329	1.365	1.365

续上表

试样编号	固结压力(kPa)	12.5	25	50	75	100	200	300
3	固结变形(mm)	5.782	6.274	6.742	7.094	7.47	8.718	8.714
3	试样密度(g/cm³)	1.294	1.305	1.316	1.324	1.334	1.371	1.371
4	固结变形(mm)	6.236	6.685	7.231	7.655	8.102	8.331	8.331
4	试样密度(g/cm³)	1.304	1.314	1.328	1.339	1.352	1.359	1.359
5	固结变形(mm)	3.6	4.204	5.027	5.132	5.869	7.637	8.119
5	试样密度(g/cm³)	1.320	1.332	1.350	1.353	1.371	1.424	1.441
6	固结变形(mm)	3.868	4.337	4.876	5.338	5.782	7.654	7.69
6	试样密度(g/cm³)	1.325	1.335	1.347	1.358	1.369	1.425	1.426
7	固结变形(mm)	3.893	4.392	5.003	5.497	6.05	8.013	8.043
7	试样密度(g/cm³)	1.325	1.336	1.350	1.361	1.376	1.437	1.438
8	固结变形(mm)	4.012	4.547	5.161	5.683	6.256	8.226	8.637
8	试样密度(g/cm³)	1.328	1.339	1.353	1.366	1.381	1.445	1.461
9	固结变形(mm)	4.084	4.701	5.463	6.055	6.608	8.455	8.9
9	试样密度(g/cm³)	1.329	1.343	1.361	1.376	1.391	1.454	1.472

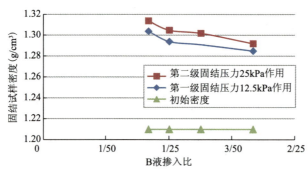

图 3-19　衡盾泥的密度随 B 液掺入比变化曲线

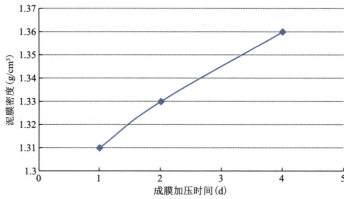

图 3-20　衡盾泥成膜后泥膜密度与成膜加压时间的关系

注：泥水质量比 1∶2.0 的 A 液和掺入比 1/20 的 B 液。

分析上述数据得出以下结论：

（1）随着压力的增大或加压时间的增加，泥膜固结后的密度越大，泥膜的密实度越好。

（2）衡盾泥的配比对泥膜密实度也有一定的影响：当B液掺入量一定时，A液泥水质量比1∶2.0的衡盾泥与泥水质量比1∶1.5的衡盾泥在各级固结压力作用下的密度对比，泥水质量比越大，泥膜密度越大，则泥膜越密实；当泥水质量比一定时，泥膜的密度随B液掺入量的增大而降低，说明B液可以增强泥浆颗粒之间的黏结性，提高其强度，但也会使得衡盾泥的泥膜结构更为松散。

（3）固结试验中，A液泥水质量比1∶2.0的衡盾泥其固结泥膜的密度大多为1.33～1.36g/cm³，与渗透试验中形成的泥膜密度相吻合。

3）衡盾泥固结系数

根据固结试验数据，绘制各级固结压力作用下衡盾泥随时间的固结变形曲线（见图3-21～图3-29），因固结时间比较长，横坐标取时间的平方根。从曲线图可以看出，大部分固结变形发生在低压力固结阶段，随着固结压力的增大，后期的固结变形增加不明显。在此基础上，计算各级固结压力作用下的固结系数。

按照《土工试验方法标准》（GB/T 50123—2019），采用以下公式计算固结系数：

$$C_v = \frac{0.848\bar{h}^2}{t_{90}} \tag{3-4}$$

式中：C_v——固结系数（cm²/s）；

$\bar{h}$——最大排水距离，等于某级压力作用下试样的初始和终了高度的平均值之半（cm）；

t_{90}——试样固结度达到90%所需的时间。

固结试验中可以得到$\bar{h}$和t_{90}的参数值，代入固结系数计算公式（3-4），得到各级固结压力作用下的固结系数（见图3-30、图3-31）：第一阶段的固结系数非常高，在1.5～2.0mm²/min；第二阶段降至0.5mm²/min及以下，仅为初始阶段的1/7～1/5；而第三阶段的固结系数接近于0。这表明采用衡盾泥进行开挖面泥膜护壁时，可以采用分级加压的方式，通过低压先让衡盾泥在开挖面形成一层泥膜和渗透带，待稳定后再施加更高一级压力，形成更为致密的泥膜，这样也可以避免一次性施加较大的压力导致泥膜劈裂的风险。此外，计算出的固结系数可为建立衡盾泥在开挖仓内的一维固结模型提供计算参数。

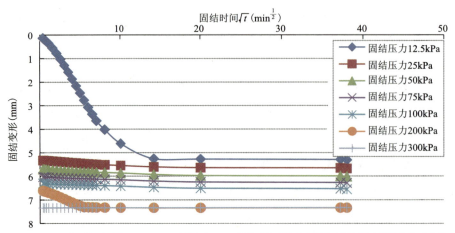

图 3-21　A 液泥水质量比 1∶2.0、B 液掺入比 1/15 的衡盾泥在各级固结压力作用下的固结变形曲线

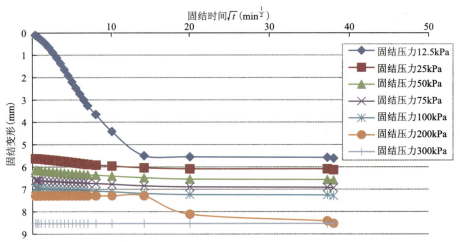

图 3-22　A 液泥水质量比 1∶2.0、B 液掺入比 1/20 的衡盾泥在各级固结压力作用下的固结变形曲线

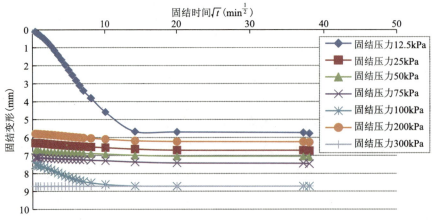

图 3-23　A 液泥水质量比 1∶2.0、B 液掺入比 1/25 的衡盾泥在各级压力固结作用下的固结变形曲线

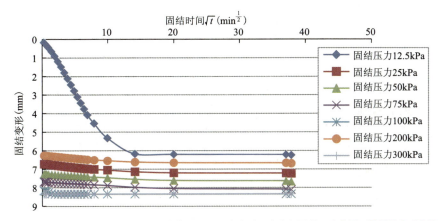

图 3-24 A 液泥水质量比 1∶2.0、B 液掺入比 1/30 的衡盾泥在各级固结压力作用下的固结变形曲线

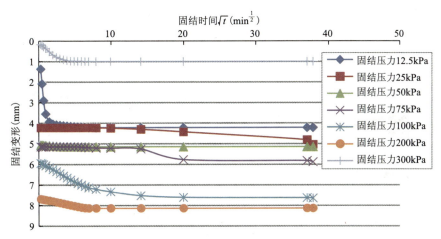

图 3-25 A 液泥水质量比 1∶1.5、B 液掺入比 1/15 的衡盾泥在各级固结压力作用下的固结变形曲线

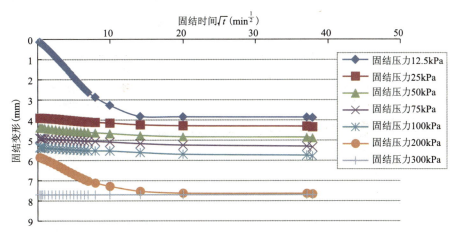

图 3-26 A 液泥水质量比 1∶1.5、B 液掺入比 1/20 的衡盾泥在各级固结压力作用下的固结变形曲线

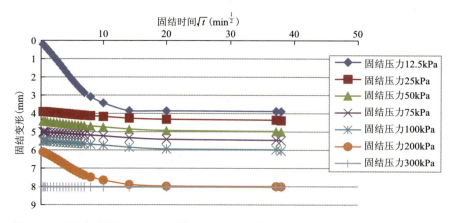

图 3-27　A 液泥水质量比 1∶1.5、B 液掺入比 1/25 的衡盾泥在各级固结压力作用下的固结变形曲线

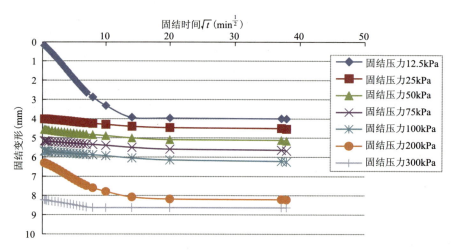

图 3-28　A 液泥水质量比 1∶1.5、B 液掺入比 1/30 的衡盾泥在各级固结压力作用下的固结变形曲线

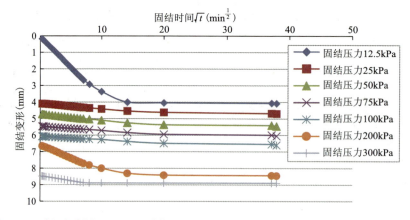

图 3-29　A 液泥水质量比 1∶1.5、B 液掺入比 1/35 的衡盾泥在各级固结压力作用下的固结变形曲线

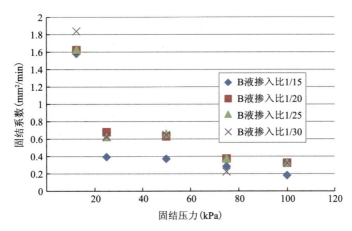

图 3-30　A 液泥水质量比 1∶2.0、B 液不同掺入比的衡盾泥在各级固结压力作用下的固结系数

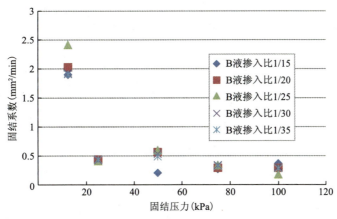

图 3-31　A 液泥水质量比 1∶1.5、B 液不同掺入比的衡盾泥在各级固结压力作用下的固结系数

3.3.3　衡盾泥分级加压固结模拟分析

依据上节所述,衡盾泥成膜过程可采用分级加压的方式模拟,本节通过建模分析衡盾泥分级加压下的固结规律。

1) 建立固结数值模型

建立一维固结数值模型,如图 3-32 所示。

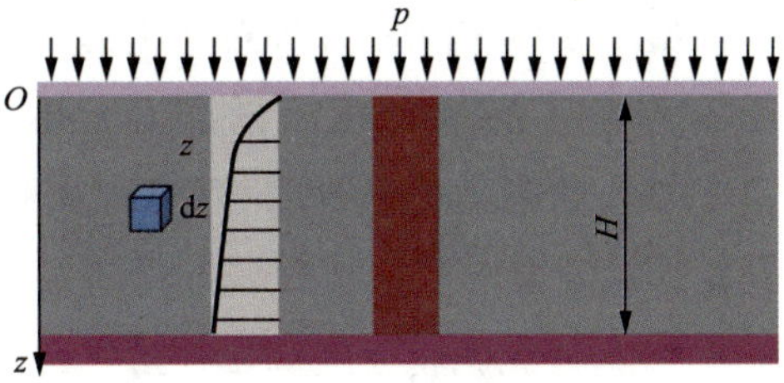

图 3-32　一维固结模型

初始条件与边界条件: $t=0, u=\sigma_z=p$

$$z = H, Q = 0 \Rightarrow \frac{\partial u}{\partial z} = 0$$

$$z = 0, u = 0$$

一维固结的解析解：

$$u(z,t) = \frac{4}{\pi} \sigma_z \sum_{m=1}^{\infty} \frac{1}{m} \sin\left(\frac{m\pi z}{2H}\right) e^{-m^2 \frac{\pi^2}{4} T_v} \tag{3-5}$$

式中：T_v——固结时间因子，$T_v = \frac{C_v}{H^2} t$；

　　　m——正整奇数，1，3，5，…；

　　　H——固结土层厚度。

地基土的压缩是孔隙水压力减小、有效应力增大的结果。在附加应力一定的条件下，求得某一时刻孔隙水压力即可确定有效应力。地基的这种固结过程中，固结度定义为任意时刻的沉降变形量与最终沉降变形量的比值。

$$U_t = \frac{S_t}{S} = \frac{\frac{a}{1+e_0} \int_0^H \sigma'_{zt} \mathrm{d}z}{\frac{a}{1+e_0} \int_0^H \sigma_z \mathrm{d}z} = \frac{\int_0^H \sigma_z \mathrm{d}z - \int_0^H u(z,t) \mathrm{d}z}{\int_0^H \sigma_z \mathrm{d}z} = 1 - \frac{\int_0^H u(z,t) \mathrm{d}z}{\int_0^H \sigma_z \mathrm{d}z} \tag{3-6}$$

$$U_t = 1 - \frac{8}{\pi^2} \sum_{m=1}^{\infty} \frac{1}{m^2} e^{-m^2 \frac{\pi^2}{4} T_v} \approx 1 - \frac{8}{\pi^2} e^{-\frac{\pi^2}{4} T_v} \tag{3-7}$$

2）衡盾泥泥膜形成过程模拟

衡盾泥泥膜护壁带压进仓过程中，密封仓内的渣土置换后开始逐级施加压力，进行盾构开挖面成膜。根据盾构开挖面与地层的位置关系，建立如图3-33所示的渗透固结模型，固结渗透边界为开挖面。由于加压过程中盾构螺旋排土器为封闭状态，衡盾泥另一侧设定为不排水条件；衡盾泥的上下面为位移约束边界；坐标原点设在开挖面上，在衡盾泥的另一侧施加固结压力。固结压力逐级加压曲线如图3-34所示，每级压力差为25kPa；根据现场情况，并考虑开挖面两侧的压力差，最终固结压力设定为100kPa；第一级固结压力采用固结试验得到的第一阶段的固结系数计算，第二级及以后的固结压力采用第二阶段的固结系数计算。

3）衡盾泥泥膜分级加压作用下的固结规律

将各级固结压力及对应衡盾泥的固结系数、衡盾泥泥膜厚度 H（根据现场衡盾泥泥膜的实际厚度取10cm）代入式（3-5）、式（3-7），得到超静孔隙水压力 $U(z,t)$

与 z 的关系(见图 3-35 ～图 3-39)及各级加压作用下对应的泥膜固结度,分析相关曲线及数据得到以下结论:

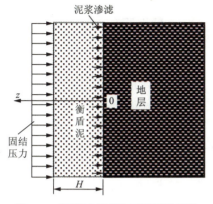

图 3-33　衡盾泥在开挖面上渗透固结模型

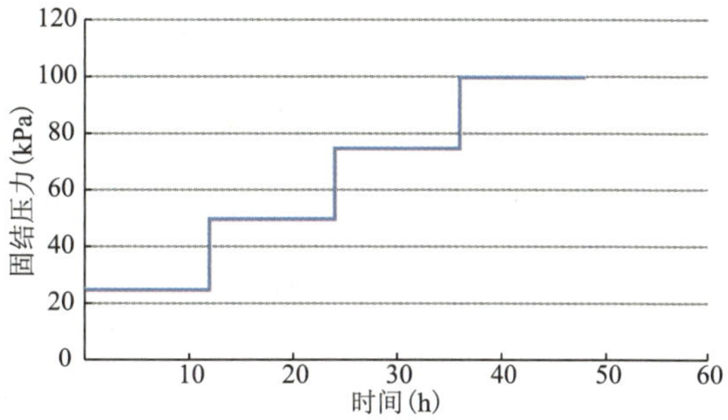

图 3-34　衡盾泥在开挖面上逐级加压曲线

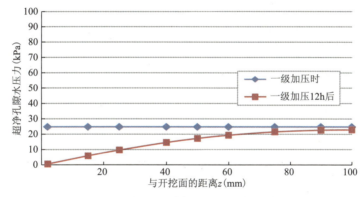

图 3-35　一级加压后泥膜中孔隙水压力消散过程曲线

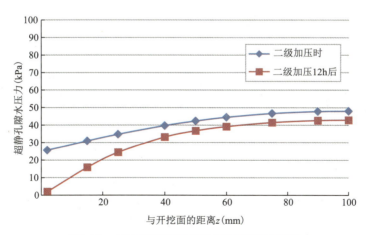

图 3-36　二级加压后泥膜中孔隙水压力消散过程曲线

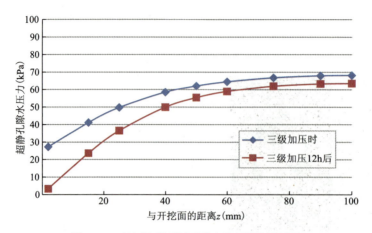

图 3-37 三级加压后泥膜中孔隙水压力消散过程曲线

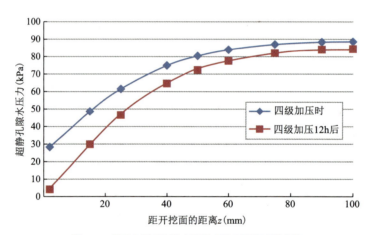

图 3-38 四级加压后泥膜中孔隙水压力消散过程曲线

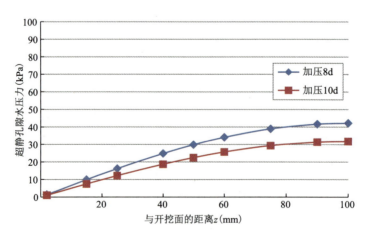

图 3-39 衡盾泥在进仓过程中超静孔隙水压力继续消散曲线

(1)开挖面附近的超静孔隙水压力消散速度(即排水固结)较快;随与开挖面的距离增大,超静孔隙水压力的消散速度逐渐降低。离开挖面超过 5cm 的位置,其超静孔隙水压力消散得很慢,即当泥膜厚度超过 5cm 时,为形成结构致密的泥膜,可适当增加加压固结的时间。

(2)第一级加压时,当成膜时间达到 12h 后,泥膜固结度达到 40%～50%;第二级加压时,当成膜时间达到 12h 后,泥膜固结度达到 35%～46%,固结速率降低;第三级加压时,当成膜时间达到 12h 后,成膜固结度达到 30%～40%,固结速率降低,固结度进一步降低。

(3)成膜时间达到 7d 以上,大部分超静孔隙水压力得到消散。因此,衡盾泥在开挖面的渗透成膜不只发生在进仓前的成膜阶段,进仓作业后通过气压支护泥膜也能进一步固结,提高了泥膜的致密性,减小了泥膜中的孔隙孔径,有助于进一步提高泥膜的闭气能力,保障带压进仓的安全。

第4章 衡盾泥泥膜保压效果

衡盾泥在盾构开挖面形成合格泥膜后,用有压有氧的气体局部置换密封仓内的泥浆,并通过泥膜与开挖面的水土压力相平衡,在密封仓的上部形成开挖面稳定的作业空间,确保进仓人员的作业安全。因此,在这种工况下,衡盾泥泥膜质量的稳定性直接关系到开挖面上的力学平衡能否建立及其保压效果。

通过室内试验、理论模型计算等方法,研究衡盾泥泥膜的进气值、闭气能力,来评价衡盾泥泥膜的保压效果。

4.1 衡盾泥泥膜进气值

Richards 等在研究多孔陶瓷板的脱水过程时,最早提出了进气值的概念并给出了其定义,即当对水分饱和的多孔陶瓷板的一边增加气压到一定值时,陶瓷板开始排水,但空气不能透过陶瓷板,此时陶瓷板两面的气压差定义为进气值。同理,应用到泥膜上,可以通过研究泥膜的进气值大小来反映泥膜的保压效果。

通过离心试验及 105℃烘箱含水率测定试验,得到衡盾泥泥膜的水分特征曲线;根据 RETC 软件中的 van Genuchten 模型公式来拟合该曲线,得到模型公式中的拟合参数 α,$1/\alpha$ 的数值即为泥膜的进气值。

4.1.1 衡盾泥泥膜水分特征曲线

泥膜水分特征曲线表述了泥膜中水势(水吸力)pF 和水分体积含量之间的关系。

1)衡盾泥泥膜离心试验

（1）试验设备

本次试验采用日本 HITACHI 公司生产的 Himac 高速冷冻离心机（见图 4-1），配备的环刀内径为 49.9mm，高度为 50.09mm，最高转速为 11000r/min。

a）外观

b）转子和旋转杯

图 4-1　Himac 高速冷冻离心机

（2）试验过程

根据经验设置 6 级转速，分别为 500r/min、1000r/min、3000r/min、5000r/min、7000r/min 和 9000r/min，以得到 pF=3.8 的分界点。为了确保相应转速对应势能的水能够完全被甩出，每个转速下旋转 3h 以上。高速离心分离试验的具体操作如下：

①将固结完成的土样从固结仪环刀中取出，通过离心机环刀切样制作离心试验试样，采用精度为 0.001g 的天平称得土样+环刀的初始质量，采用游标卡尺测得土样上表面至环刀顶部的距离 h_0。

②在旋转杯中依次放入金属网片、试样下表面滤纸、装有土样的离心环刀、试样上表面滤纸，然后盖紧盖子，旋上采水杯，放入 60 号转子中，通过金属片调节质量对称，保证转子中对面的旋杯质量相差在 0.02g 以内，设定离心机内恒定温度为 25℃，开始第 i（$i=1\sim6$）级转速。

③24h 后停止旋转，取出旋转杯，将甩出的水分擦干，测得第 i 级转速旋转后环刀+土样的质量 m_i，以及土样上表面至环刀顶部的距离 h_i。

④根据分级数量 i 重复步骤②和③。

⑤最后一级转速完成后，烘干试样，测得土样的含水率，并进行数据处理换算，得到每级转速结束后土体中的体积含水率和土水势能 pF，绘出水分特征曲线。

水分特征曲线中 pF=3.8 对应的含水率为结合水体积含水率 w_b，再根据初始泥膜中的总含水率减去结合水体积含水率 w_b 得到自由水体积含水率 w_f。其中土水势能 pF 的计算公式为：

$$pF = 2\lg n + \lg(r_0 - r_1) + \lg\left(\frac{r_0 + r_1}{2}\right) - 4.95 \quad (4-1)$$

式中：n——转速（r/min）；

r_0——旋转杯底到转子中心的距离，为 9.8cm；

r_1——试样中心到转子中心的距离（cm），$r_1 = r_0 - \dfrac{5.09 - h_i}{2}$。

旋转杯结构和尺寸如图 4-2 所示。

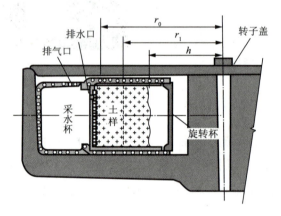

图 4-2　离心机中的旋转杯结构和尺寸

（3）泥膜试样

试验针对 A 液泥水质量比 1∶2、B 液掺入比 1/20 的衡盾泥开展 1d、2d 和 3d 的成膜试验，然后对相应的泥膜取芯制成离心试验需要的试样。试样编号对应的成膜时间见表 4-1。

试样编号对应的成膜时间　　　　　表 4-1

试验编号	1d	2d	2d-1	3d
试样对应的成膜时间（d）	1	2	2	3

2）水分特征曲线

通过离心试验得到 4 个泥膜试样的体积含水率（见表 4-2），根据各级转速下计算得到的泥膜势能 pF 及对应的体积含水率绘制出泥膜试样的水分特征曲线（见图 4-3）。

衡盾泥泥膜试样的体积含水率　　　表 4-2

试样编号	1d	2d	2d-1	3d
成膜时间(d)	1	2	2	3
总体积含水率(%)	83	71	71	70
结合水体积含水率(%)	74	69	69	66
自由水体积含水率(%)	9.3	2.4	2.4	3.6

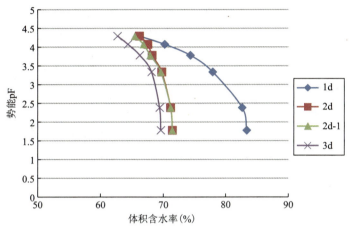

图 4-3　各衡盾泥泥膜试样的水分特征曲线

4.1.2　衡盾泥泥膜进气值拟合结果

1）RETC 拟合软件

采用美国 USSL 开发的 RETC 软件对已经得到的衡盾泥泥膜试样水分特征曲线进行拟合。RETC 软件中常用的描述水分特征曲线的模型有 van Genuchten 模型、Brooks & Corey 模型和 Log-Normal Distribution 模型。本次拟合主要采用 van Genuchten 模型。

van Genuchten 模型表达式如下：

$$S_e = \frac{w - w_r}{w_s - w_r} = \frac{1}{\left(1 - \alpha |h|^n\right)^m} \quad (4-2)$$

$$m = 1 - \frac{1}{n}$$

式中：w——体积含水率(%)；

w_s——饱和体积含水率(%)；

w_r——残余体积含水率（%）；

a、m、n——拟合参数。

根据该模型参数的定义，$1/a$ 数值即为泥膜的进气值，单位为 kPa。

2）拟合结果

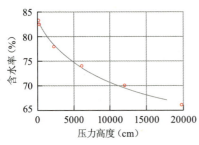

图 4-4 1d 衡盾泥试样的水分特征曲线

RETC 软件拟合的水分特征曲线如图 4-4～图 4-6 所示，得到 $1/a$ 的数据（即进气值）见表 4-3。试样中配比的衡盾泥泥膜成膜 1d 后的进气值为 330kPa，3d 后的进气值为 520kPa，此进气值是密封仓内作用到泥膜上的气压与开挖面的水土压力的差值，再加上开挖面的水土压力，将远远大于通常情况下盾构进仓时密封仓内所需的支护压力。即衡盾泥形成的泥膜能够防止气体穿过泥膜孔隙进入地层导致漏气，确保进仓时的安全。

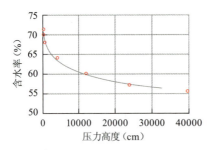

图 4-5 2d 衡盾泥试样的水分特征曲线

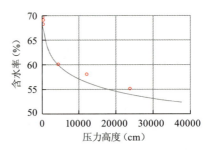

图 4-6 3d 衡盾泥试样的水分特征曲线

各衡盾泥泥膜试样的进气值				表 4-3
试样编号	1d	2d	2d-1	3d
进气值 $1/a$（kPa）	330	—	—	520

4.2 衡盾泥泥膜保压效果理论分析

泥膜从闭气到透气的过程，实质是气压克服毛细管水的表面张力，将孔隙中的自由水排出的过程。通过建立泥膜孔径的透气模型，得到孔径大小所对应的透气值；然后根据试验测得衡盾泥的泥膜孔径分布及含自由水孔径的比例，估算衡盾泥泥膜孔径的透气值及泥膜透气情况,以此评价衡盾泥的保压效果。

4.2.1 泥膜孔径透气模型的建立

泥膜孔隙结构和孔径分布与泥膜透气性之间的关系可以用多孔介质的毛管模型来描述。

1）泥膜的孔隙结构

泥膜可以被认为是一种饱和的非刚性多孔介质,多孔介质的孔隙结构通常被概化为"交联模型"和"离散模型",为了便于理解和计算,下面采用"离散模型"进行分析。假设泥膜的孔隙结构是由不同孔径的毛细管组成的毛管束,且毛细管间相连通,如图4-7a)所示。在饱和的泥膜表面施加气压时,由于水的表面张力,泥膜孔隙中的水会形成弯液面抵抗这个气压,阻止气体进入泥膜孔隙,图4-7b)为泥膜毛细管弯液面的受力分析。

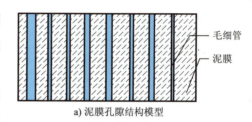

a) 泥膜孔隙结构模型

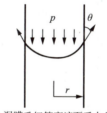

b) 泥膜毛细管弯液面受力分析

图4-7 泥膜的孔隙结构及加压受力模型

当气压为p,水的表面张力系数为α（常温25℃时,α取7.3×10^{-5} kN/m）,毛细管半径为r,弯液面与管壁的夹角为θ（该参数与水和土颗粒表面相互吸附性质有关,通常情况取$\theta=0$）。相对于气压,毛细管水的重力可以忽略,受力平衡状态下:

$$p\cdot\pi r^2 = \alpha\cdot 2\pi r\cdot\cos\theta \tag{4-3}$$

将α、θ代入式(4-3),得到泥膜的透气值p_0为:

$$p_0 = \frac{2a}{r} = \frac{4a}{d} \tag{4-4}$$

d_n为泥膜孔隙直径(简称孔径),n表示孔径大于d_n的孔隙占总孔隙体积的百分数,当$p>p_0$时,表面张力无法抵抗气压力,孔隙水向下排出,泥膜孔隙透气,可见泥膜透气值与泥膜孔径大小有关,泥膜孔径越小,透气值越大。

2）泥膜透气过程

根据上述公式,对泥膜的透气过程进行总结。实际泥膜孔径d存在一个概率分布,假设泥膜中孔径最大值为 d_1,采用式(4-3)计算出对应的气压为 p_1,当压力小于气压 p_1 时,泥膜中的所有孔隙均不透气,泥膜处于完全闭气状态;随着压力增大,部分孔径大的孔隙开始透气,此时泥膜处于部分透气状态,如图4-8a)所示,但由于透气孔隙较少,试验中滤水量较小,认为在宏观上泥膜仍处于闭气状态;当气压达到 p_0 时,理论上孔径大于 d_n 的孔隙均已透气,即透气孔隙的百分数达到 $n\%$ 时,泥膜完全透气,如图4-8b)所示,此时大量孔隙透气,滤水量出现明显增加,认为泥膜透气。整个透气过程如图4-8c)所示。

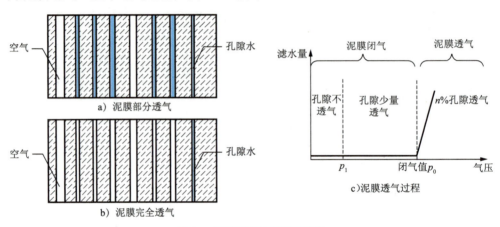

图4-8 泥膜透气过程模拟示意图

3)各种孔径对应的透气值

根据建立的孔径闭气模型式(4-3),计算得到泥膜透气值与孔径的关系见表4-4。孔径越小,泥膜的透气值越大。

泥膜透气值与孔径之间的关系　　　　表4-4

d_n（μm）	10	5	3	2	1	0.5	0.1
p_0 透气值(kPa)	29.2	58.4	97.3	146	292	584	2920

4.2.2 衡盾泥泥膜透气分析

1)衡盾泥泥膜压汞试验

衡盾泥泥膜的孔径分布可通过压汞试验得到。压汞试验仪器为美国康塔仪器厂生产的 PoreMaster 60GT 型压汞仪(见图4-9),该仪器分低压和高压各2个站口,孔径测量范围为 0.0035～400μm,可测定大多数非浸润多孔固体材料,测量范围覆盖了粒子内和粒子间的孔隙。压汞试验原理:假设多孔材料的内部孔隙呈大小不等的圆柱状,并且每条孔隙都能延伸到样品外表面,从而与汞直接接触,接触角约为140°;在压汞过程中,在一定压力下,汞的压入量就代表内部孔的体积;逐渐增大压力,同时计算汞的压入量,就可以测出多孔材料孔隙容积的分布状态。

衡盾泥泥膜压汞试验是将已制好的泥膜试样通过不同压力将水银压入泥膜孔隙中,根据不同压力及所对应的进汞量(以汞饱和度计)绘制地层孔径的分布曲线,了解不同孔隙大小以及所占总孔隙体积的比例关系。

图4-9　PoreMaster 60GT型压汞仪

2)衡盾泥泥膜孔径透气值

对配比为A液泥水质量比1∶2.0、B液掺入比1/20的衡盾泥进行成膜试验,分别取成膜2d和3d的泥膜制作试样进行压汞试验,得到的泥膜压汞孔径曲线如图4-10所示。两个泥膜的代表粒径d_{85}分别为2μm和1μm,对应表4-4中的透气值分别为146kPa和292kPa。

3)衡盾泥泥膜透气估算

泥膜透气是孔隙内的自由水被气体挤出,因此估算衡盾泥泥膜孔径漏气时还需要知道泥膜孔隙中自由水的占比。以A液泥水质量比1∶2、B液掺入比1/20成膜3d的衡盾泥泥膜试样为例,采用离心试验及105℃烘箱含水率测定试验测得衡盾泥泥膜试样中自由水和结合水的占比(见表4-5),该泥膜试样代表粒径为1μm,对应的进气值为292kPa;因此进仓时,当密封仓内的气压与开挖面水压之差达到292kPa时,则超过1μm含有自由水的孔径将会漏气,超过1μm的孔径占所有孔径的15%左右,而孔隙中的自由水含有率仅占11.5%左右,两者之积得到仅有1.7%的孔隙出现渗漏,渗漏比例极低。实际工程进仓时,密封仓内的压力与开挖面的水压之差也很少能达到292kPa。由此可见,衡盾泥泥膜的保压效果较好。

该模型假设泥膜的孔隙上下贯通,这与实际情况有出入,若孔隙上下不贯通,则泥膜的保压效果还会提高。而且,衡盾泥泥膜在进仓前的成膜过程中,超静孔隙水还没有完全排出;在后续进仓作业过程中,孔径会进一步压缩,更加致密的泥膜可以得到更好的保压效果。因此,从理论上来讲,随着作业时间的增加,泥膜的保压效果会越来越好。

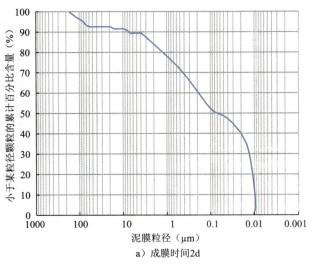

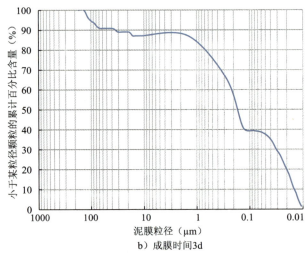

图 4-10　衡盾泥泥膜压汞孔径曲线

注：A 液泥水质量比 1∶2.0、B 液掺入比 1/20。

衡盾泥泥膜自由水的含水率和结合水的含水率　　　表 4-5

试验条件	时间(d)	自由水的含水率(%)	105℃烘箱试验得到的含水率(%)	结合水的含水率(%)
A 液质量比 1∶2.0、B 液掺入比 1/20	1	45.2	150.1	104.9
	2	25.5	130.5	105.0
	3	11.5	110.2	98.7
	4	9.9	111.9	102.0

4.3 衡盾泥泥膜保压效果试验分析

目前,业界有关泥膜保压方面的研究,还未提出泥膜保压效果的评价指标。为此,参照水在水头(压力)作用下从地层孔隙中渗透等同于气体在气压作用下从泥膜的孔中渗透的原理,提出泥膜渗气系数的概念,作为泥膜保压效果的评价指标;泥膜的渗气系数越小,则保压效果越好。本节通过闭气试验测试衡盾泥泥膜的保压效果,同时根据试验数据计算其渗气系数。

4.3.1 衡盾泥泥膜闭气试验测试

在衡盾泥成膜后,封闭成膜容器,不再让压缩空气进入泥浆成膜装置,测试泥膜上方压缩空气随时间的压力变化,根据 $pV=C$ 这一定律,可以将高压条件下的漏气量换算为常压条件下的漏气量,从而测试衡盾泥泥膜的保压效果。

1)衡盾泥泥膜漏气量测定方法

对泥浆成膜装置加以改造,在泥膜上方连接一高精度气压表,当加压稳定后,关闭加压气阀,启动测试泥膜漏气程序。首先记录泥膜上方压缩空气的初始压力,经过某一时间段后,记录对应的气压,然后再加压,经过某一时间段后记录对应的气压(见表4-6),如此循环。本次成膜试验装置中的钢化玻璃内径为10cm;测试的泥膜对应的衡盾泥泥浆配比为 A 液泥水质量比 1∶2.0、B 液掺入比 1/20;泥浆在地层中形成渗透带及泥膜,泥膜厚度为 10cm 左右。

2)衡盾泥泥膜漏气量换算方法

衡盾泥闭气试验中测得的泥膜漏气量为加压状态下的漏气量,需换算到常压条件下的漏气量 Q,换算公式为:

$$Q=V_i/t \qquad (4-5)$$

式中:V_i——历时 t 换算到常压条件下的漏气体积,$V_i = \dfrac{p_t V_0 - p_0 V_0}{p_a}$;

V_0——泥浆成膜装置上方压缩空气的体积,根据测试 V_0 为 628.6cm³;

p_a——大气压强;

p_0——泥浆成膜装置顶部气体初始压力;

p_t——历时 t 泥浆成膜装置顶部气体的终止压力。

再根据试验结果，按照比例换算到常规 ϕ6m 地铁隧道开挖面的漏气量 Q_1，即 $Q_1 = \dfrac{6^2}{0.1^2} \times 3600 \times Q$，具体测得的数据及计算结果见表 4-6。

泥膜漏气量测试及计算结果 表 4-6

试验序号	初始气压（MPa）	终止气压（MPa）	历时（s）	漏气量 Q（m³/s）	ϕ6m 隧道漏气量 Q_1（m³/h）
1	0.3	0.2855	4913	1.83×10⁻⁸	0.237
	0.35	0.335	5400	1.72×10⁻⁸	0.224
	0.398	0.3825	9000	1.07×10⁻⁸	0.138
2	0.2	0.199	5400	0.11×10⁻⁸	0.149
	0.3	0.296	5746	0.43×10⁻⁸	0.560
	0.4	0.394	4980	0.75×10⁻⁸	0.097
3	0.2	0.197	6534	0.28×10⁻⁸	0.037
	0.3	0.296	4840	0.51×10⁻⁸	0.066
	0.4	出现漏气			

3）衡盾泥泥膜保压效果分析

试验结果表明：ϕ6m 地铁隧道开挖面上，衡盾泥 10cm 厚的泥膜漏气量不超过 1m³/h，而进仓过程中，虽然配置的空压机功率有所不同，但都能达到每分钟 10m³ 的补气量，这远远大于漏气量，完全满足进仓要求。

另外，从表 4-6 中数据可以看出，每一组试验装置中，随着试验时间和压力的增加，泥膜的总体保压效果呈增强的趋势，此试验数据也进一步证明了上节中的观点：在超静孔隙水排完之前，随着作业时间的增加，泥膜孔径会进一步压缩，泥膜的保压效果会越来越好。

4.3.2 衡盾泥泥膜渗气系数

1）衡盾泥泥膜渗气系数计算

参照土层的渗透系数计算公式，假设泥膜的渗气过程为初始压力作用下的等压渗透，未发生压力下降（此假设比实际发生压力降的条件更为不利），渗透系数计算公式如下：

$$k = \dfrac{QL}{Ah} \tag{4-6}$$

式中：Q——常压条件下的漏气量；

L——渗气路径长度,即泥膜厚度 10cm;

A——试验玻璃筒截面积,$A=\dfrac{1}{4}\pi10^2$;

h——水头高度,通过换算 $h=10^2 p_0$。

将上述公式代入式(4-6),得到渗气系数 k_0 的计算公式如下:

$$k_0=\dfrac{(p_\mathrm{t}-p_0)V_0 L}{p_\mathrm{a} t A 10^2 p_0} \quad (4\text{-}7)$$

将衡盾泥泥膜闭气试验测试的数据代入式(4-7),得到每组初始压力条件下泥膜的渗气系数,具体见表 4-7。

泥膜渗气系数计算结果　　　　表 4-7

试验序号	初始气压(MPa)	渗气系数 k_0 (cm³/s)
1	0.3	1.94×10^{-7}
1	0.35	1.57×10^{-7}
1	0.398	8.55×10^{-7}
2	0.2	1.83×10^{-7}
2	0.3	4.58×10^{-7}
2	0.4	5.95×10^{-7}
3	0.2	4.54×10^{-7}
3	0.3	5.44×10^{-7}
3	0.4	

2)衡盾泥泥膜渗气系数分析

由表 4-7 可以看出,衡盾泥泥膜的渗气系数在 $1\times10^{-8}\sim1\times10^{-7}\mathrm{cm^3/s}$ 之间,属于极低渗气量。根据公式 $Q=\dfrac{kAh}{L}$ 转换到地铁盾构隧道 ϕ6m 断面尺寸,A 为开挖面面积,h 为水头高度(通常城市地铁隧道盾构机带压进仓时,压力很少超过 0.3MPa,此处取 0.3MPa,即 30m 的水头高度),L 为渗气路径长度(泥膜厚度 10cm)。计算得到开挖面泥膜漏气量在大气压力条件下仅为 $2\sim3\mathrm{m^3/h}$,盾构机所配置的空压机功率完全能够满足进仓要求。

第5章 衡盾泥施工工艺

三分材料，七分工艺。虽经过100多次的室内试验证明衡盾泥在挟渣和泥膜护壁等方面的性能优于其他产品，但室内试验毕竟是小批量生产、非全尺寸工况，而现场工况要求衡盾泥大批量拌制、连续注入、全尺寸成膜。因此，要应用于实际，还必须对其施工工艺进行系统研究，即对如何提高其制备能力、一体化程度，如何将这种独特的泥浆保质保量地注入盾构机，如何置换渣土、分级加压在开挖面形成致密稳定的泥膜等作出结论。这些都是工艺研究的内容，工艺是核心！

5.1 衡盾泥制备工艺

工欲善其事，必先利其器。衡盾泥塑性泥浆黏度指标远高于一般的膨润土泥浆，大规模的生产配制必须有功能匹配的生产设备及其操作工艺。配套设备的研制分为两大方向，一是改造工地普遍存在的既有设备，因地制宜地制备衡盾泥泥浆；二是全新研发一种新型成套集成设备，集拌制、混合、运输和注入功能为一体。

5.1.1 衡盾泥A液泥浆拌制设备与工艺

衡盾泥A组分是稠性干粉，需要充分打散并与水搅拌才能制成均匀的衡盾泥A液泥浆，这是影响后续工艺成功的一个关键点。课题组首先测试传统的膨润土搅拌设备——目前工地普遍采用的立式搅拌桶，但发现立式搅拌桶在一般工艺条件下不能满足要求，因此进行了设备改造和工艺优化。同时通过全面摸查各种类型搅拌设备性能，优先选择剪切泵。

1)普通立式搅拌设备

目前,盾构工程的工地大多配置了小型的立式搅拌桶,用于制备水泥浆或膨润土浆液,容积在 $1 \sim 3m^3$ 之间。立式搅拌桶由搅拌桶体、搅拌桶盖、搅拌器、支承装置、传动装置、轴封装置等组成(见图 5-1),搅拌桶盖上部配有传动装置(电机或减速器),由传动轴驱动搅拌桶内的搅拌器工作。立式搅拌桶罐体既是搅拌装置,又是混料盛放装置,具有装置简便、操作简单、使用成本低等特点。

课题组在多个工地测试了不同条件下的拌制效果(见表 5-1)。从搅拌情况来看,立式搅拌桶的搅拌情况并不理想,成功概率不高。原因主要是搅拌桶转速过低,搅拌叶片覆盖面积过小,导致两个结果:一是无法将衡盾泥干粉充分打散,导致干粉块结团;二是无法充分与水拌和,拌和后泥浆需静置膨化,耽误工期。

搅拌测试效果对比表(电机功率 2.2kW)　　　表 5-1

编号	转速 (r/min)	拌制时间 (min)	静置时间 (h)	容积 (m^3)	搅拌轴形式	效果	应用项目
1	50	20	0.5	2.5	双层搅拌叶片	没有结团,检测达标	福州地铁 1 号线竖井—达道站盾构区间(见图 5-2)
2	30	60	2	1.5	双层搅拌叶片	没有结团,检测达标	广州地铁 13 号线东新盾构区间
3	40	30	无	1	双层搅拌叶片	大量结团,不达标	广州地铁 13 号线出入段线盾构区间(见图 5-3)
4	40	30	无	1.3	全覆盖叶片	大量结团,不达标	广州地铁 21 号线黄世盾构区间(见图 5-4)

图 5-1　立式搅拌桶

图 5-2　立式搅拌桶现场搅拌情况

2)工艺调整

从前期的工地测试判断:搅拌时间和搅拌设备的转速对衡盾泥 A 液的物理性

能有影响。因此,课题组进行了相应的室内试验研究。

图 5-3　衡盾泥干粉块结团(广州地铁 13 号线出入段盾构区间)

图 5-4　水与粉分离(广州地铁 21 号线黄世盾构区间)

(1)搅拌时间的影响

试验方法:取 3 份泥水质量比为 1∶1.5 的样品,分别在转速为 50r/min 的搅拌装置下搅拌 10min、15min、20min,然后测试各试样的稠度、密度,结果见表 5-2。

稠度、密度随搅拌时间变化数据　　表 5-2

搅拌时间(min)	10	15	20
针入度(cm)	11.3～12.7	11.5～12.4	11.2～12.5
每 100mL 质量(g)	125.67	125.88	125.76

由表 5-2 可知,搅拌时间对衡盾泥 A 液混合物物理性能的影响较小,前提是要把混合物搅拌均匀,不能出现大量泥粉末混合,允许有悬浮的小颗粒。

(2)搅拌转速的影响

试验方法:取 3 份泥水质量比为 1∶1.5 的样品,分别在转速为 50r/min、100r/min、200r/min 的搅拌装置下搅拌 10min,然后测试各试样的稠度、密度,结果见表 5-3。

稠度、密度随搅拌转速变化数据　　表 5-3

搅拌转速(r/min)	50	100	200
针入度(cm)	14.2～14.5	13.1～13.4	11.2～11.4
每 100cm³ 质量(g)	125.48	126.06	125.90

由表 5-3 可知,在砂浆稠度试验中,转速为 50r/min 的试样针入度在 14.2～14.5cm 范围内,密度为 1.25g/cm³;转速为 100r/min 的试样针入度在 13.1～13.4cm 范围内,密度为 1.26g/cm³;转速为 200r/min 的试样针入度在 11.2～11.4cm 范围内,密度为 1.26g/cm³。

室内试验表明:搅拌时间对搅拌效果影响不大,转速对搅拌效果有明显的影响,当转速为 50r/min 时,A 组分与水混合后的 A 液黏度最小,而随着搅拌设备转速越大,得到的 A 液黏度增大,试验过程不考虑膨化时间。

根据试验结果,课题组进行现场验证。在广州地铁 21 号线黄世盾构区间现场,对容积为 1.3m³ 的立式搅拌设备进行改造,增加电机功率(4kW),使主轴转速达到 120r/min,搅拌 10min,检测指标达到要求。未增加电机功率与增加电机功率搅拌后的泥浆对比如图 5-5、图 5-6 所示。本项目测试时,在提高转速的同时,还在立式搅拌桶上装了一个回流式装置,桶内浆液会从桶底往上不断地旋转回流循环搅拌,有助于 A 组分与水的混合,这也是福州地铁项目立式搅拌桶搅拌效果好的原因。

图 5-5　第一次搅拌结团(未增加电机功率)

图 5-6　第二次搅拌达标(增加电机功率)

(3)膨化时间的影响

低速搅拌后存在个别结团的浆液,通过静止膨化数小时后,衡盾泥浆液指标有所好转,为测试不同配比的浆液静置时间,课题组进行现场指标试验(见表 5-4),利用现场设备进行了拌制,当转速在 30～50r/min 之间时,需不间断地搅拌 60～120min,并膨化 2h,检测后指标可达标。

衡盾泥搅拌效果测试数据表　　表 5-4

A 液泥水质量比	搅拌转速(r/min)	搅拌时间(min)	膨化时间(h)	黏度指标	性状验收
1∶1.5	30～50	120,不间断搅拌	1～2	达标	手搓无颗粒
1∶1.8	30～50		1～2	达标	手搓无颗粒
1∶2.0	30～50		1～2	达标	手搓无颗粒

3)高速搅拌设备

剪切泵转速可达 1000～1500r/min,搅拌 10min 后衡盾泥完全不用膨化即达到指标要求(见图 5-7),节约浆液配置时间。同时,剪切泵小巧灵活,能够安放在平板车上（见图5-8），通过简单的管路连接，实现隧道内拌制，简化衡盾泥水平运输流程，提高施工效率。

图5-7 未膨化即达到黏度指标要求　　　　图5-8 安放在平板车上的剪切泵

剪切泵具备以下功能：

（1）提高黏土颗粒的水化程度

黏土颗粒在水中的分散和水化程度，取决于水中电解质含量、时间、温度、表面可置换阳离子的数量和浓度。在其他条件相同的情况下，使用剪切泵可节约衡盾泥 A 组分 30% 以上。

（2）使聚合物尽快剪切稀释、水化

泥浆中使用的高分子聚合物的分子量较大，直接加入不易水化，因此对高分子聚合物需要预剪切。剪切泵能提供很高的剪切效率，加快聚合物的稀释、水化进程。

（3）提供较高的排量和扬程，满足配制和处理泥浆的要求

剪切泵首先成功应用于兰州地铁工程，因为富水大粒径地层卵石的特殊性，通常需要制备大量衡盾泥浓泥浆进行保压，剪切泵很好地满足了工程需求。

5.1.2 衡盾泥混合设备与工艺

室内试验 A 液与 B 液的混合比较简单，只需搅拌均匀，浆液的指标就能合格，现场可结合实际情况进行调整。A 液和 B 液的混合时间主要分为两种：

（1）泵送过程混合，即将 A 液与 B 液分别泵送，在泵送过程的三通管中混合，

类似于双液浆混合方式;

(2)泵送前混合,即将A液与B液混合成为最后的衡盾泥浆液后再泵送。

1)泵送过程混合

衡盾泥A液与B液混合后,黏度会进一步提高;课题组担心泵送困难,初步确定在泵送过程中采用三通的混合方式(见图5-9)。此方法结构简单、成本低,适合临时组合的系统,但试验后发现这种方式存在以下缺点:

(1)由于A液与B液边泵送边混合,加之市场上常见的三通管管路过短,难以混合均匀。

(2)A液与B液边泵送边混合,分别由不同的注入泵送出,注入压力难以控制,注入量难以计量。

(3)混合后的浆液指标不明确,很难对混合后的衡盾泥质量进行检测。

2)泵送前混合

对比衡盾泥双液浆与水泥砂浆双液浆特性不一样:水泥砂浆双液浆凝固时间短,很容易堵管;衡盾泥因其触变性,虽然黏度大,但剪切后仍然具有一定的流动性。因此考虑在A液与B液混合后再泵送,混合方式包括直接倒入混合、淋洒混合等。淋洒混合通过在B液钢管上均匀开若干小孔,以管漏形式添加B液(见图5-10)。工程应用时,可适当增加混合的搅拌时间或改造淋洒喷嘴以防淋洒混合不够均匀。

图5-9 现场用水泥浆三通管

图5-10 B液通过漏管淋洒至A液

福州地铁项目直接将配好的B液一次性倒入卧式搅拌槽内A液中进行混合,10min后即达到效果。广州地铁13号线东新区间项目,通过中板上存浆罐,利用管漏形式倒入卧式搅拌槽内进行混合,10min后达到效果。广州地铁13号线出入段线盾构区间,直接将B液倒入卧式搅拌槽内与A液混合,10min后达到效果。广州地铁21号线黄世盾构区间,通过台车上同步注浆罐,利用管漏形式倒入卧式搅拌槽内进行混合,每次1～2m³,2min后达到效果。

5.1.3 衡盾泥运输工艺

衡盾泥的运输主要有湿浆运输和干粉运输两种方式。

1)湿浆运输

在地面制备好衡盾泥泥浆,再运输到隧道工作面。衡盾泥应用之初,因担心隧道内空间太小,都采用地面制备泥浆后输入隧道内的方式(见图5-11),在现场试验中发现,洞外运输存在以下问题:

(1)效率低:前期工地都采用立式搅拌桶,容积小,单次搅拌量在1m³左右,而每次衡盾泥的应用量在36m³左右,所以要搅拌36次,每次从地面运到隧道的时间在30～60min,故搅拌运输的时间长。

(2)材料损耗大:管路运输距离长,倒运时材料损耗多。

2)干粉运输

直接在隧道内部制备衡盾泥泥浆。从运输工艺上讲,应优先选择在隧道内制备,可以减少操作程序;但受洞内空间限制,要求搅拌设备转速较高,避免静置膨化工序。

衡盾泥在广州地铁21号线黄世盾构区间上应用时,采用高速立式搅拌桶在洞内制备泥浆(见图5-12):隧道内空间小,环境恶劣,若操作人员责任心不强,则易导致计量不准;且搅拌桶圆柱状的外形与隧道平台的匹配性差,不好放置。后期,剪切泵在洞内的使用相对灵活,其装浆液部分的形状正好与隧道两轨间的空间

图5-11 福州地铁项目洞外混合

图5-12 广州地铁21号线衡盾泥洞内搅拌

匹配，大大改善了洞内搅拌的环境，因此优先采用剪切泵在隧道内部制备衡盾泥泥浆，以减少运输工序。

5.1.4 衡盾泥注入设备与工艺

1）衡盾泥注浆泵的选型

根据衡盾泥的特性，对现阶段盾构机常用的注浆泵类型进行比较和选择。

（1）活塞泵（见图5-13）

一般注射压力可达3MPa，适用介质非常广泛，可用于输送高黏度及高磨损性的介质，如砂浆、泥浆等溶液。活塞泵排量大，压力大。

其缺点是输送脉冲非常大，需要液压站驱动；对空间要求高，成本高。

目前，盾构机的同步注浆泵均采用该种活塞泵，解决了需要液压站驱动、对空间要求高、成本高等问题，通过记录该泵每次泵送的冲程以及每次冲程泵送量，可以实现准确计量，加之每台盾构机的PLC数据采集系统，能够直接在盾构机操作面板上查看泵送量。衡盾泥在工地使用时，均是采用同步注浆泵（活塞泵）将泥浆泵送至密封仓内。

（2）软管挤压泵（见图5-14）

一般注射压力可达1.6MPa，适用介质广泛，排量大，结构简单，维护方便。

其缺点是泵内软管易损坏，需多配备软管备件。输送过程中带有一定量的脉冲，会不同程度地影响A液、B液混合的均匀性，但其脉冲远小于活塞泵。

图5-13　活塞泵

图5-14　软管挤压泵

（3）螺杆泵（见图5-15）

一般注射压力可达1.2～1.6MPa，适用于输送膨润土泥浆等。浆液输送的连续性好，无脉冲。体积小，安装位置灵活。

其缺点是结构复杂，不便于维护。泥浆在泵内凝结时不便于清洗，因此对清

图 5-7 螺杆泵

洗维护要求高。若将螺杆泵用于 A 液或衡盾泥的泵送,由于介质的黏度与膨润土相比大大增加,所以泵驱动电机的功率和转速需要重新匹配。

通过对以上三种泵的分析比较,根据衡盾泥特性及现场应用情况,活塞泵和螺杆泵能够较好地满足衡盾泥材料的泵送要求。

2) 衡盾泥泥浆注入工艺

(1) 砂浆车+同步注浆泵方案

衡盾泥的 A 液在地面预制和搅拌,利用砂浆车将其运输到盾构机台车处,然后泵送到台车上的注浆系统搅拌桶中,同时将 B 液淋洒到注浆系统中的搅拌桶中,通过搅拌桶充分均匀地将 A 液和 B 液混合,然后利用注浆系统的注浆泵将混合后的衡盾泥注射到土仓或盾壳外。

优点:利用同步注浆系统中的活塞泵注入,不仅利用了盾构机台车上的固有设备,而且该设备注入量大,压力、流量计量准确,是目前衡盾泥注入选用的主要方式。

缺点:由于是利用砂浆车从始发井运输到盾构机处,如果掘进距离较远,输送效率低,则注入太慢。后续施工中,逐步开始利用剪切泵进行洞内搅拌,并倒运至同步注浆泵中混合并注入。

(2) 膨润土系统注入方案

考虑衡盾泥泥膜护壁是盾构机在停机状态下进行的注入,对盾构施工影响不大,如果在盾构机正常掘进或同步注浆设备无法占用时,可考虑利用膨润土系统进行衡盾泥泥浆的泵送及注入。

膨润土介质与衡盾泥 A 液的黏稠程度以及特性不同,盾构机原装的搅拌功率、搅拌速度和膨润土泵未必适用于衡盾泥 A 液。若膨润土系统配置软管挤压泵,则难以满足衡盾泥注入要求;若膨润土系统配置螺杆泵,则能够满足衡盾泥材料注入要求。

5.1.5 衡盾泥一体化设备与工艺

基于衡盾泥材料搅拌、混合、注入过程中遇到的各种难题及解决方式,课题组研制了一整套既能够实现洞内快速搅拌和连续混合提高材料制备效率,又能减小不必要的运输直接泵送衡盾泥的一体化设备(见图5-16)。同时,考虑到洞内拌制环境恶劣,应尽可能简化工艺流程及步骤,实现材料配比准确计量、泵送压力及流量可控等功能。

该衡盾泥一体化设备采取洞内搅拌方式,利用电瓶车后托的平板车,其中一节平板车安放储浆罐,一节平板车安装剪切泵进行搅拌,在剪切泵与储浆罐之间通过管路连接,采用循环搅拌的方式对衡盾泥进行搅拌,A液拌和好后泵送到同步注浆罐与B液混合,再通过同步注浆系统注入土仓。同时,将所有设备接入控制面板,以更准确地控制计量、泵送等参数(见图5-17)。

图 5-16　衡盾泥一体化设备

图 5-17　设备控制盘

5.2　衡盾泥泥膜护壁带压进仓施工工艺

规范地执行衡盾泥泥膜护壁施工工艺流程,能有效提高进仓作业的安全概率。本节着重对衡盾泥泥膜护壁工法流程及其施工要点进行介绍。

5.2.1　衡盾泥泥膜护壁带压进仓工法流程

衡盾泥泥膜护壁带压进仓工法已在各种地层中成功应用,根据现场实际不断调整和完善,最终形成完整的工法流程(见图5-18)。

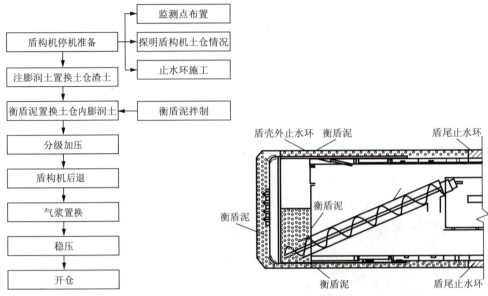

图 5-18 衡盾泥泥膜护壁带压进仓工法流程(以土压平衡盾构机为例)

5.2.2 衡盾泥泥膜护壁带压进仓施工要点

1)准备工作

(1)工作压力确定

根据《盾构法进仓及气压作业技术规范》(CJJ 217—2014)规定:

①应根据准备进仓作业位置的地质和水文条件,合理计算出开挖仓气压作业理论工作压力:

$$P = P_w + P_r$$
$$P_w = q \times \gamma \times h$$

式中:P_w——计算至隧道开挖中心的水头压力;

P_r——考虑不同地质条件、地面环境及开挖面位置的压力调整值。

②根据计算所得的理论工作压力进行现场试验,如果能保证开挖面稳定,则可确定为工作压力。

(2)止水环施工

盾构机停止掘进后,向脱出盾尾后的管片外侧注入双液浆或衡盾泥材料,形成连续止水环,防止地下水沿管片外间隙渗入盾构机前部,施作止水环范围为盾尾后 3~7 环管片处。之后,通过盾构机机身超前注浆孔、径向孔和同步注浆管压注衡盾泥,顺序为盾构机底部→对称腰部→顶部,使得衡盾泥材料包裹整个盾构机机体。

(3) 探明盾构机土仓内情况

衡盾泥使用前,必须查明土仓内"渣""浆""气"的含量及比例,有针对性地制定渣土置换方案。

(4) 其他情况

根据工程特性,分析可能出现的状况,采取预防处理措施。例如砂层中盾构机长时间停机极易引起盾构机机体被砂层包裹或同步注浆水泥砂浆渗入盾体难以启动的问题,在停机前应通过盾体径向孔多点位注入膨润土或衡盾泥填充充分。

2) 渣土置换

一般情况下,渣土置换分两个阶段:①采用膨润土泥浆先置换渣土(浆渣置换);②采用衡盾泥泥浆置换膨润土泥浆(浆浆置换)。必须强调,对于含有粉细砂、中粗砂等容易失水板结的地层,第一阶段不能省略。

浆浆置换阶段:注入点位宜选用土仓隔板 10 ~ 2 点位之间的多个预留孔,从盾构机上部压注。利用螺旋输送机进行排渣,置换过程中,应低速(0.5r/min 以内)转动刀盘。衡盾泥注入时,土仓压力应高于膨润土置换渣土压力 0.1 ~ 0.2bar (1bar=0.1MPa),并以注入量和排出量相等为原则进行双向控制,直至螺旋输送机出土口排出的渣土全部为衡盾泥(含量 95% 以上),认为"浆浆置换"完成。

3) 分级加压

在浆渣置换后稳定压力的基础上,利用同步注浆系统继续少量多次地注入衡盾泥,进行分级加压:以 0.2bar 为一个加压阶梯,加压至进仓工作压力的 1.3 ~ 1.5 倍为止。以浆渣置换后压力为 2bar 为例,第一次加压上部土仓压力在 2.0 ~ 2.2bar,即土仓压力达到 2.2bar 后,停止压注衡盾泥,然后观察,如土仓压力降至 2.0bar,则继续少量压注衡盾泥材料,控制在该阶梯压力范围内动态稳压 2h。之后 2.2 ~ 2.4bar、2.4 ~ 2.6bar 两个加压等级同样动态稳压 2h,最后 2.6 ~ 2.8bar 要求动态稳压 6 ~ 12h。

衡盾泥分级加压到倒数第二级时(2.4 ~ 2.6bar),松开盾构机铰接或千斤顶,利用注入衡盾泥压力的反作用力使盾构机后退 10cm 左右,并加大衡盾泥注入量,使之填充至刀盘与开挖面之间的孔隙,形成衡盾泥泥墙。每个加压梯级动态注入衡盾泥过程中,低速(0.1r/min)转动刀盘半圈,以保证泥浆注入和渗透的均匀性。

4）气浆置换

待开挖面泥膜形成,进行土仓内气浆置换,腾出仓内作业空间,同时降低仓内压力至进仓作业压力。

开启密封仓内自动保压系统,在最高压力稳压 6h 以后,首先采用自然降压,待自然降压停止后,再采用泄气降压至工作压力,在补气量满足规范要求和气压稳定的情况下,再利用螺旋输送机进行排土,以降低衡盾泥液面。在排土之前,可低速(0.1r/min)转动刀盘,恢复衡盾泥泥浆的流动性。

5）进仓条件判断

（1）气浆置换以后,在开启自动保压系统的情况下,直至进仓工作压力能够稳压 6h,并满足空压机加压时间小于其待机时间的 10%,则认为衡盾泥泥膜护壁完成,否则应重新制作泥膜。

（2）现场必须对衡盾泥置换、分级加压、地表监测数据和气浆置换过程中的具体泄压时间、衡盾泥补注量的详细记录进行综合分析和反馈,以确定是否具备进仓条件。

第6章 工程应用和技术发展

衡盾泥泥膜护壁带压进仓技术源于工程实践中以问题为导向的创新思考、科学设计和试验模拟论证,又在工程实践应用过程中不断地得到检验、修正和完善。到 2018 年底,该技术已在全国 13 个城市、42 个项目、100 多台次盾构工程上成功应用(具体见附录)并发展成熟。本章选取工程实践中 8 个代表性案例阐述该技术的发展历程(见表 6-1)和应用效果。

典型案例及工艺发展历程　　　　表 6-1

序号	应用工程	开挖断面地质概况	工程特点	工艺发展历程
1	福州地铁 1 号线盾构机下穿闽江工程	开挖面上半部为碎块状强风化花岗岩,下半部为中风化花岗岩	盾构机下穿闽江,水压大,进仓时地下水与闽江水系已连通	首次应用衡盾泥泥膜护壁带压进仓技术,衡盾泥泥膜护壁工法初步成型
2	广州地铁 21 号线红层复合地层盾构工程	开挖面上部 5.2m 为〈7-3〉强风化泥质粉砂岩,下部 1.1m 为〈9-3〉微风化泥质粉砂岩	红层基础的复合地层,上软下硬	衡盾泥泥膜护壁工法加入"分级加压"工序
3	兰州地铁 1 号线高水压大粒径砂卵石地层盾构工程	全断面〈3-11〉卵石层	盾构机在黄河底下,地层为大粒径砂卵石,渗透系数大	检验衡盾泥在高渗透性砂卵石地层的渗透性和固结效果
4	广州地铁 8 号线全断面富水砂层盾构工程	全断面〈3-2〉中粗砂层	隧道边有河涌,地下水水位高,渗透系数大	调整渣土置换工序,形成衡盾泥泥膜护壁工法完整流程
5	厦门地铁 2 号线双仓式泥水平衡盾构机下穿海域塌陷段工程	全断面强风化变质砂岩	盾构机在海底,水压、水量大,地层发生塌方。衡盾泥第一次在泥水平衡盾构机上应用	检验工法对于双仓式泥水平衡盾构机的适用性,且衡盾泥具有抗氯离子渗透性
6	佛山地铁 2 号线单仓式泥水平衡盾构机穿越地下障碍物工程	〈2-8-3〉细砂层、〈2-9-2〉中砂层和〈7-2-2〉强风化粉砂质泥岩	土/岩组合的复合地层,上软下硬,开挖面稳定性差。衡盾泥第一次在单仓室泥水盾构机上应用	检验工法对于单仓式泥水平衡盾构机的适用性,且与其他工法配套使用时注意工法间的衔接细节

续上表

序号	应用工程	开挖断面地质概况	工程特点	工艺发展历程
7	广州地铁13号线多次塌方地层工况盾构工程	开挖面范围内有混合花岗岩〈6Z〉、〈7Z〉、〈8Z〉地层	地层多次塌方,地层内部存在孔洞孔隙	检验工法对于多次塌方地层的适用性,且衡盾泥具有填充地层孔洞孔隙的作用
8	广州地铁14号线孤石和基岩侵入地层工况盾构工程	花岗岩孤石、基岩侵入隧道地层	地层软硬相差悬殊,开挖面稳定性差	检验工法对于富水裂隙发育的全、强风化花岗岩层的适用性

6.1 应用于福州地铁1号线盾构机下穿闽江工程

上藤站—达道站区间为福州地铁1号线工程的最后一个区间,在接近全线洞通工期节点时,区间左线盾构机遇碎块状岩石,刀盘被卡无法掘进,需进仓检查。此时,盾构机停机位置在闽江下,土仓与闽江水已贯通。施工单位在江底加固的基础上,多次尝试传统膨润土泥膜护壁进仓,但无法堵住地下水且难以成膜。之后联系广州地铁采用衡盾泥泥膜护壁带压进仓技术,成功进仓处理并更换刀具,确保全线洞通工期。

本工程为衡盾泥第一次在工程上应用,初步建立了衡盾泥泥膜护壁工法流程,具有示范效应。

6.1.1 工程简介

1)工程概况

上藤站—达道站区间总长度约1700m,其中盾构段中竖井—达道站区段长约1150m,包含下穿闽江段及闽江北岸段(见图6-1),下穿闽江段长度约400m。隧道线路最小曲线半径$R=500$m,上、下行线线路纵断面均呈"V"字形,最大纵坡为26.7‰,隧道顶部覆土8.33~31.49m,在线路最低点,里程CK13+007.5处设一座联络通道及泵站。

2)盾构机停机过程

本区间使用德国海瑞克 $\phi 6450$mm 复合式土压平衡盾构机施工(见图6-2),盾构机在 22 环掘进完成约 118mm 时,刀盘被卡死而无法掘进,螺旋输送机在排渣过程中排出碎石块及 3 把掉落的刀具(见图 6-3),必须进仓检查并处理。

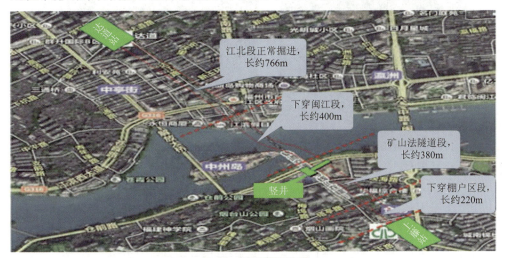

图 6-1　区间平面线路图

图 6-2　本区间使用的复合式土压平衡盾构机

图 6-3　排出渣土中的碎石块及刀具

3)停机位置地质概况

盾构机停机位置在闽江江底,刀盘距离全断面加固段约 18m(见图 6-4);江面上有加固搭设的钢平台,钢平台北侧有船只过往,东侧约 40m 有数只渔船停靠(见图 6-5)。

停机位置顶部覆土厚(盾构机顶部至河床的距离)约 16.5m,盾构开挖面上半部为碎块状强风化花岗岩,下半部为中风化花岗岩(见图 6-6);顶部加固区的厚度约 2.86m,加固区上方地层为〈5-2〉细砂层及〈3-2〉中砂层。

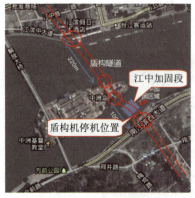
图 6-4　盾构机停机位置

图 6-5　盾构机停机位置江面环境

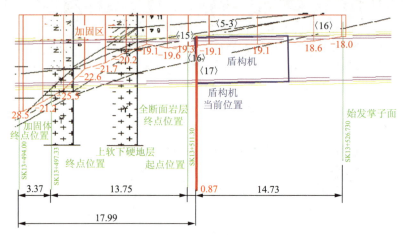
图 6-6　盾构机所处地层环境示意图(尺寸单位:m)

6.1.2　衡盾泥应用过程

结合本工程工况,对衡盾泥的作用定位为:①裹挟、悬浮及排渣作用;②泥膜护壁保压作用;③止水作用。具体作业过程如下:

(1)衡盾泥置换仓内渣土:在使用衡盾泥之前,施工单位曾使用膨润土施作泥膜,因此仓内有膨润土泥浆;后又使用水泥膨润土置换仓内泥浆,再使用衡盾泥置换水泥膨润土。具体操作:在往土仓注入衡盾泥的同时排出土仓内的渣土,当压力降至 3.0bar 时,停止出土,注入衡盾泥等待压力回升到 3.5bar,再进行出土直到排出衡盾泥,确保仓内充满衡盾泥;置换出的渣土中带出了水泥块、砂粒、砾石等(见图 6-7),起到了裹挟、悬浮及排渣作用。

图 6-7 置换出的渣土

（2）盾构机后退施作泥膜：待仓内渣土置换完后，继续向土仓内压注衡盾泥，同时切换盾构机至拼装模式进行后退；此时不间断地注入衡盾泥且土压力保持在 3.5bar，后退距离控制在 5～8cm；通过盾构机后退留出空间，使得衡盾泥在开挖面与刀盘之间形成"泥墙"。

（3）衡盾泥泥膜保压：形成泥膜后进行仓内保压，当仓内压力从 3.5bar 降至 3.0bar 时，向仓内慢慢注入衡盾泥，保持仓内压力在 3.5bar，保压 12h，并保证刀盘能低速（≤1.0r/min）转动多次。

（4）仓内气体与衡盾泥泥浆置换：当保压达到进仓条件后，进行仓内浆气置换；在排出仓内衡盾泥的同时降低仓内压力，达到进仓压力后作业人员即可进仓。

6.1.3　衡盾泥泥膜护壁进仓作业效果和技术发展

1）进仓作业效果

进仓时，开挖面形成约 8cm 厚的泥墙（见图 6-8），并发现刀盘与盾体之间的间隙均被衡盾泥填充（见图 6-9）；作业期间，衡盾泥泥膜总体稳定无坍塌，土仓内干燥无水，作业过程中未重新施作泥膜；本次进仓，泥膜保压超过 10d，作业人员进仓共 60 次，一共检查并更换滚刀 16 把。

在换刀过程中，刀盘转动出现部分泥膜被拉裂的现象（见图 6-10），观察剥落情况发现：开挖面上方的松散地层，泥膜没有被拉裂；而剥落大多发生在下部完整性非常好的岩层中（见图 6-11）。分析原因：松散地层或裂隙发育的岩层，衡盾泥经挤压、劈裂进入地层孔隙或裂隙，填充泄水泄气通道，且渗入裂隙的衡盾泥形如树根状，可以提高泥膜在开挖面的整体黏附性，泥膜不易被拉裂；而完整性好的岩层，衡盾泥与开挖面的附着力相对弱，刀盘转动则容易拉裂泥膜。因此对于本工程地层，下面完整性好的岩层自身稳定性好、闭气性好；而衡盾泥只需能挤压、劈裂进入松散地层并在表面形成泥膜，保证其闭气性，就能大大降低进仓的风险。

图 6-8　刀盘开口位置衡盾泥泥墙

图 6-9　刀盘与盾体间隙被衡盾泥填充

图 6-10　刀盘转动，岩层处衡盾泥泥膜被拉裂

图 6-11　泥膜掉落位置漏出完整性好的岩层

2）技术发展

（1）衡盾泥能用于挟渣、清仓，达到解决"滞排"的预期效果；衡盾泥能在刀盘与开挖面之间形成一道泥墙，并填满刀盘开口间隙；由此，初步建立了衡盾泥泥膜护壁工法流程：渣土置换→盾构机后退→施作泥膜→保压→气浆置换→进仓。

（2）工程第一次应用为工艺的完善及理论研究提供了方向：

①在置换渣土、施作泥膜和气浆置换阶段能否转动刀盘？

②在一定压力作用下，衡盾泥在地层中的渗透情况如何？

③本项目在使用衡盾泥之前，已多次尝试使用膨润土施作泥膜，但膨润土泥浆直至在地层中渗透完也未形成泥膜。据此，使用衡盾泥时是否先配置黏度小的衡盾泥泥浆，使其渗透到地层，提高地层的闭气性后，再配置黏度大的衡盾泥泥浆成膜？

6.2 应用于广州地铁 21 号线红层复合地层盾构工程

广州地铁 21 号线黄村站—世界大观站盾构区间共计 7 次进仓换刀,其中左线盾构机进仓换刀 5 次,依次在 205 环、309 环、319 环、334 环、372 环位置停机;右线盾构机进仓换刀 2 次,分别在第 273 环、280 环停机。本区间的 7 次进仓中除第 1 次为地层加固常压进仓外,其余均为衡盾泥泥膜护壁带压进仓,均应用成功。

衡盾泥泥膜护壁带压进仓技术在该工程中初次应用了"分级加压"的理念,进一步完善了衡盾泥泥膜护壁工法流程。

6.2.1 工程简介

1) 工程概况

黄村站—世界大观站区间线路由奥林匹克体育中心西侧黄村站出发,向北行进,下穿东环高速路匝道和车陂路车行及人行隧道,在环场路西到达世界大观站(见图 6-12)。区间两边多为厂房、体育运动设施等,地形大致平坦,但路面条件复杂,管线繁多。本区间采用海瑞克 S399 土压平衡盾构机施工(见图 6-13)。

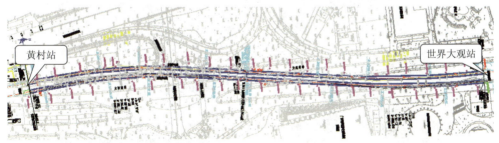

图 6-12 黄村站—世界大观站区间平面图

2) 盾构机停机过程

左线盾构机自第 206 环进仓(地面加固后常压进仓)后掘进至第 310 环。期间,盾构机主要在泥质粉砂岩⟨6⟩、⟨7-3⟩、⟨8-3⟩、⟨9-3⟩上软下硬复合地层中掘进,正常推进速度为 20~40mm/min,出土为 4 斗(60~70m³),扭矩 2000~3500kN·m,推力 8000~10000kN;

图 6-13 海瑞克 S399 土压平衡盾构机

掘进至第303环时，速度下降至15～20mm/min，扭矩变大至4000kN·m，且波动频繁，推力上升至12000kN，铰接油缸压力明显增加。

第303环盾构机停机，加入高分子分散剂浸泡24h后继续掘进，参数无明显改善。推进至第308环时，速度下降至10mm/min以下，扭矩继续变大，出现超挖。通过多次浸泡、缓慢推进，参数依然无改善。结合该段掘进排出的渣土中出现大量石英颗粒（见图6-14）和地质报告中的上软下硬地层，分析判断盾构机的周边滚刀已经出现偏磨。为了能够继续掘进并以良好的状态下穿车陂隧道，在第310环停机进仓检查和更换刀具。

3）停机位置地质概况

停机位置位于大观南路下方，刀盘处上覆土厚16.9m，地层自上而下依次为：〈1〉素填土层（约3.8m）、〈4N-2〉粉质黏土层（约3.2m）、〈3-2〉中粗砂层（约3.5m）、〈4N-2〉粉质黏土层（约1.5m）、〈3-2〉中粗砂层（约2.7m）、〈4N-2〉粉质黏土层（约1.3m）；洞身范围上部5.2m为〈7-3〉强风化泥质粉砂岩，下部1.1m为〈9-3〉微风化泥质粉砂岩，属于典型的上软下硬复合地层（见图6-15）。

图6-14 渣样中的碎石

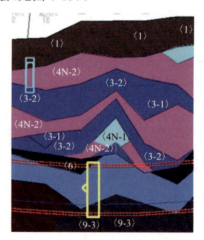

图6-15 停机位置地质情况

6.2.2 衡盾泥应用过程

本工程在继承福州地铁1号线下穿闽江工程应用衡盾泥所获创新成果的基础上，结合实际情况，强化了"分级加压"环节，进一步完善了衡盾泥泥膜护壁工法的流程，总结衡盾泥泥膜护壁工法步骤如图6-16所示。

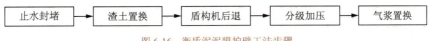

图 6-16　衡盾泥泥膜护壁工法步骤

1）止水封堵

盾构机停止掘进后,向脱出盾尾后的管片外侧注入衡盾泥材料或双液浆,形成连续止水环,防止地下水沿管片外间隙渗入盾构机前部;并利用盾构机机身径向孔压注衡盾泥,使得衡盾泥材料包裹整个盾构机机体。

2）渣土置换

采用同步注浆系统将衡盾泥泥浆注入土仓内,注入位置主要为土仓隔板上部观察孔,一般选取 2～10 点孔位。当土仓内填充饱满后,也可从超前注浆孔和盾体径向孔进行补充注浆。

置换过程中,注入压力设定为 2.5bar,密切观察土仓上部压力变化,动态控制仓内压力,技术要求如下:

（1）控制土仓上部压力在 2.0～2.5bar 范围内,避免压力过度波动扰动地层。

（2）当压力超过 2.5bar 时,暂停注入 30min 观察压力变化,若 30min 内压力下降至 2.0bar,则恢复压浆。

（3）注入进行到一定程度后,土仓压力基本稳定,打开螺旋输送机闸门适当排土,但应保证排土量与注入量基本平衡。

（4）当螺旋输送机排土中出现衡盾泥成分时,慢速（0.1r/min）转动刀盘 15°～20° 再继续压浆。可以根据注入点位与出土口的相对位置关系自由选择刀盘正转或者反转,但一旦确定刀盘旋转方向,则应保持该方向旋转,直至土仓置换完成。

（5）当刀盘旋转一周后,且螺旋输送机出土连续为衡盾泥时,停止注入。

（6）注入过程中,如遇土仓压力停止上升或者下降情况,或者注浆流量异常时,应低速转动刀盘,促使衡盾泥与渣土混合均匀,将大粒径颗粒悬浮、裹挟、置换出来（见图 6-17）。

3）盾构机后退

置换完成后,回缩推进千斤顶使盾构机后退 5cm,在刀盘与开挖面之间建立厚度为 5cm 左右的泥膜;低速转动刀盘（刀盘转速 0.1r/min）,保证泥膜的均匀性。

4）分级加压

对是否应采用先稀后浓（即先黏度小,后黏度大）的形式施作衡盾泥泥膜这一问题,思考后又产生了新的问题:①采用黏度小的泥浆,则在前期渣土置换过程中能否将仓底的大粒径渣土带出来?②应在什么阶段开始改变泥浆配比?③现场衡盾泥都是大量的配置,能否把握好用量?由此可见,先稀后浓的泥膜施作方式将加大工法实施难度,不利于现场工程应用。

图 6-17　置换出的渣土

考虑到先稀后浓的机理,提出了"分级加压"的概念,通过分级加压和每级压力动态稳压的办法,加大衡盾泥泥浆在地层中的渗透;同时分级加压的另一个机理是:在某一级压力作用下,若泥膜不致密,有薄弱点,则在该级压力作用下会产生破坏,再加一级压力后,后面的泥浆会填补前面的破坏位置,每一级稳压的过程就是考验泥膜稳定性的过程,若泥膜稳定性差,就产生破坏,加压后破坏点被填补,这样最后一级动态稳压后,泥膜的结构将变得非常致密。

本工程分级加压的过程如下:

(1)衡盾泥压入过程从压力 2.0bar 加压至 2.8bar,共分 4 个梯级压入,每个梯级的压力为 0.2bar,即 2.0~2.2bar、2.2~2.4bar、2.4~2.6bar、2.6~2.8bar(见表 6-2),每个梯级共有 2h 的动态注入时间;在每个梯级动态注入过程中,刀盘进行 3 次低速转动(0.1r/min,转半圈),以保证泥浆注入和渗透的均匀性。

(2)当注入压力达到 2.8bar 时,进行 12h 的动态保压,至少维持 2h 压力不出现明显下降(压力下降值≤0.2bar),方可进行气浆置换。

(3)保压过程中,为确保衡盾泥渗入盾壳周边包裹住盾构机机体,应打开盾体上的径向孔卸压(在保证土仓压力稳定的情况下),观测衡盾泥是否可以通过径向孔流出,确保衡盾泥将整个盾构机机体包裹住。同时也可通过盾构机中前盾之间的径向孔及超前注浆孔再次补注衡盾泥(见图 6-18),有效阻断地下水进入和气体外泄,并进一步填充施工间隙。

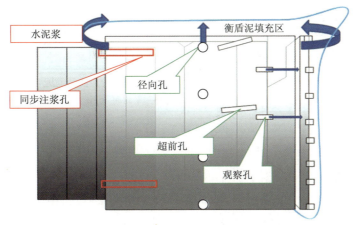

图 6-18　径向孔补注衡盾泥

梯级加压记录表　　表 6-2

序号	土仓上部压力(bar)	降压时间(min)	补充注入量(L)	平均稳压时间	备注
1	2.2~2.1	35	12	补浆 7 个冲程,稳压 119min,平均每次压注衡盾泥后稳压 23.8min	
2	2.2~2.1	21	24		
3	2.2~2.1	25	12		
4	2.2~2.1	20	12		
5	2.2~2.1	18	24		
6	2.1~2.4	—	48		升压至 2.4 bar
7	2.4~2.3	60	24	补浆 9 个冲程,稳压 166min,平均每次压注衡盾泥后稳压 41.5min	
8	2.4~2.3	48	24		
9	2.4~2.3	23	24		
10	2.5~2.3	35	36		
11	2.4~2.6	—	36		升压至 2.6 bar
12	2.6~2.5	31	12	补浆 7 个冲程,稳压 166min,平均每次压注衡盾泥后稳压 27.6min	
13	2.6~2.5	36	24		
14	2.6~2.5	20	12		
15	2.6~2.5	21	12		
16	2.6~2.5	25	12		
17	2.6~2.5	33	12		
18	2.6~2.8	—	36		升压至 2.8 bar
19	2.8~2.7	36	36	补浆 19 个冲程,稳压 166min,平均每次压注衡盾泥后稳压 60min	保压 12h
20	2.8~2.7	55	36		
21	2.8~2.7	60	48		
22	2.8~2.7	45	24		
23	2.8~2.7	49	12		
24	2.8~2.7	57	12		

续上表

序号	土仓上部压力(bar)	降压时间(min)	补充注入量(L)	平均稳压时间	备注
25	2.8~2.7	62	12	补浆19个冲程,稳压166min,平均每次压注衡盾泥后稳压60min	
26	2.8~2.7	68	12		
27	2.8~2.7	65	12		
28	2.8~2.7	113	12		
29	2.8~2.7	71	12		
30	2.8~2.8	39	0		达到设计要求

5) 气浆置换

(1) 当梯级加压试验通过后,即可进行气浆置换作业,即在缓慢排出衡盾泥的同时,向土仓内注入高压气体,使得土仓内的压力值稳定在 2.0 bar 左右,排土量控制在 10m³ 左右,即将土排至人闸门以下。排土过程中,必须保证螺旋输送机内充满土体,以保持土仓的密闭性,控制螺旋输送机出土口闸门开启程度,多次少量排土,避免压力突降。

本项目在排泥量达到 1m³ 左右时,发生仓内衡盾泥无法排出的问题,经讨论分析原因认为:①衡盾泥泥浆黏度太大,螺旋输送机无法排出;②衡盾泥泥浆黏度大,螺旋输送机出土口会形成拱,支撑着上面的衡盾泥,导致衡盾泥泥浆无法排出。从衡盾泥材料出发,该材料具有触变性,即在搅动后恢复流动性,因此施工单位建议转动刀盘,利用刀盘背后的搅拌棒搅动衡盾泥,若螺旋输送机口成拱,则可通过搅拌破坏拱效应。课题组讨论认为在排泥换气阶段不宜转动刀盘,防止破坏已成形的泥膜,但未能提出合适的处理建议;经过施工单位缓慢转动刀盘,衡盾泥泥浆被正常排出。受此启发,对工法进一步完善并提出:在排泥换气阶段,可先以 1.0r/min 的转速转动刀盘约 10min,以恢复土仓内衡盾泥泥浆的流动性,保证螺旋输送机能够正常出土。

(2) 在开始排泥后,不得转动刀盘,土仓内泥浆排至人闸门以下后停止排泥;排泥完成后进行保压试验 2h,压力下降值不大于 0.2bar,达到进仓作业条件;操作人员应同时观察土仓压力,若压力值出现突然增加再减小的波动,则开挖面可能坍塌,应将盾构机向前推进 1 环,再重复之前的工作。

6.2.3 衡盾泥泥膜护壁进仓作业效果和技术发展

1) 进仓作业效果

进仓过程中,作业人员对土仓内情况进行探查,发现土仓由衡盾泥材料填充,泥面自 2 点位向 8 点位倾斜,渣土表现为硬塑至可塑状;刀盘开口及周边缝隙均被泥膜填满,泥膜自稳性好(见图 6-19),未见明显渗漏水;作业过程气压稳定可控,历时约 66h。

2)技术发展

本次工程应用确定了分级加压的步骤,同时完善了置换土仓渣土、分级加压及气浆置换步骤中刀盘转动的细节,以保证排渣彻底及排泥的顺畅。

图 6-19 仓内衡盾泥泥膜效果

6.3 应用于兰州地铁 1 号线高水压大粒径砂卵石地层盾构工程

兰州地铁 1 号线世纪大道站—奥体中心站区间的世纪大道站至黄河北岸风井段,盾构机在黄河边因刀具严重损坏需进仓检查及更换刀具。施工单位之前采用传统泥浆施作泥膜,开挖面不断渗水,工作人员担心泥膜被击穿导致黄河地下水倒灌隧道,迟迟不敢进仓,陆续采用各种办法耗费 70 多天仍无法进仓。后闻福州地铁应用衡盾泥有奇效,决定采用衡盾泥泥膜护壁带压进仓,经保压 38d,顺利修复盾构机。

6.3.1 工程简介

1)工程概况

世纪大道站—奥体中心站区间(见图 6-20)全长约 2130m,分两段施工。其中,世纪大道站至黄河北岸风井段为土压平衡盾构机施工段,长约 1100m;隧道左右线间距约 20.7m,区间隧道以 27‰坡度下行,隧道埋深为 11.4~40.4m,最小平面曲线半径 450m。

2)盾构机停机过程

世纪大道站至黄河北岸风井段左线盾构机自第 613 环换刀完成后,一直在全断面〈3-11〉卵石层中掘进;正常推进过程中,速度为 10~30mm/min,出土为 3 斗,扭矩 2000～3500kN·m，推力 11000～14000kN。

图 6-20　世纪大道站—奥体中心站区间线路图

盾构机推进至第 698 环时，速度下降至 10mm/min 以内，扭矩变大至 4000kN·m，且波动频繁，推力上升至 18000kN，铰接油缸压力明显增加，土压变化快；出渣情况异常，螺旋输送机出渣时干时稀，出渣量不易控制，渣土温度 35～40℃；停机加入高分子分散剂浸泡 24h 后继续推进，参数无明显改善。

盾构机推进至第 728 环时，刀盘扭矩继续变大，多次出现刀盘、螺旋输送机被卡死的情况，螺旋输送机喷涌严重，且出现超挖；通过多次浸泡、缓慢推进，参数无改善；通往刀盘的泡沫管路已基本被堵死，很难更好地改良渣土。掘进过程中发现正面刮刀及断裂滚刀从螺旋输送机中排出，如图 6-21 所示。

图 6-21　崩断、脱落的刀具

盾构机掘进至第 730 环,之后多次出现刀盘被卡死的情况,必须进仓检查更换刀具,盾构机被迫停机。

3)停机位置地质概况

停机位置依然是全断面〈3-11〉卵石层,地层物理特征为:灰黄色或青灰色,饱和,局部夹有薄层或透镜状砂层。根据颗粒分析资料及现场勘探,该层粒径大于 200mm 的漂石、卵石平均含量为 64.53%,最大粒径为 500mm;粒径 20 ~ 60mm 的漂石含量较少,粒径 2 ~ 20mm 的圆砾石平均含量为 14.82%;中粗砂充填。盾构机出渣情况如图 6-22 所示。停机位置土体灵敏度高,受扰动易发生坍塌(见图 6-23)。

图 6-22　盾构机出渣情况

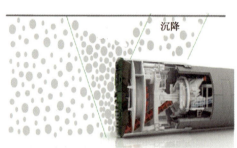

图 6-23　停机受扰动易发生坍塌示意图

地下水丰富,埋深 3.12 ~ 11.65m,主要接受大气降水、地表水渗入以及黄河水补给,以径流与地下越流方式排泄;地层渗透系数大,为 65 ~ 72m/d。

6.3.2　衡盾泥应用过程

1)本工程衡盾泥应用难点分析及对策

盾构机停机位置距离黄河边不到 100m(见图 6-24),地层渗透系数大;同时,根据盾构机出渣情况,几乎全部为卵石,没有砂或黏土类细颗粒等。在渗透系数大且地下水丰富的情况下,泥浆能否成膜?此外,衡盾泥渗透进入地层中,能否起到加固的效果?基于以上问题,施工中必须做好以下工作:

(1)施工好管片后部的止水环,同时通过径向孔及同步注浆孔注入衡盾

图 6-24　盾构停机位置地面情况

泥,封堵止水环至切口环位置的所有施工间隙。

（2）根据盾构机在该地层的掘进情况,合理计算停机位置的水土压力;细化分级加压阶梯稳压量及最高加压压力,制定严格的分级动态稳压时间,让衡盾泥尽可能多地渗透到地层中,以降低地层的渗透系数。

（3）根据经验,盾构机停机后,一旦扰动过大,地面极易出现沉降甚至塌陷。因此,需调整泥膜施作细节,以减小对地层的扰动:

①调整衡盾泥"先后退再进行分级加压"的步骤:在分级加压注入衡盾泥时,松开铰接,利用反作用力来推动盾构机后退。

②在施工过程中,根据衡盾泥渗透到地层的情况(注入量统计、稳压时间判断)以及地表沉降情况,合理调整渣土置换、分级加压过程中刀盘转动的次数、速度等。

2）施工前准备工作

（1）止水封堵:

①对脱出盾尾第 3～7 环管片背后注双液浆,封堵管片后部来水,并确保止水环的施工质量。

②通过径向孔和同步注浆管往盾构机盾壳及脱出的 1～3 环管片背后注衡盾泥,填充并包裹整个盾构机,一共注入衡盾泥 3.5m^3。

（2）进仓作业压力计算:根据水土分算原理,综合考虑盾构机停机位置埋深、黄河动水压力、安全系数等,设定进仓作业压力为 2.5bar,分级加压最高压力不宜超过 3.5bar。

（3）布置地表沉降及建（构）筑物沉降点。

3）渣土置换

（1）在现场对盾构机土仓内的"渣""水""气"情况进行摸查,判断土仓内基本上是满仓的浓泥浆后,利用底部土仓隔板上的预留孔注入衡盾泥,顶部排出浓泥浆,直到顶部预留孔发现流出衡盾泥为止。

（2）置换过程中,土仓压力波动控制在 ±0.2bar;衡盾泥注入量约大于排出量（稳住开挖面与土仓压力）;如有需要,可低速(0.5r/min 以内)转动刀盘;同时,严格关注地表沉降情况。

4）分级加压

（1）分 5 级加压,通过少量多次注入衡盾泥进行加压,每级 0.2bar,即 2.5～2.7bar、2.7～2.9bar、2.9～3.1bar、3.1～3.3bar、3.3～3.5bar。其中,前四级动态稳压共 21h,最后一级（即 3.3～3.5bar）动态稳压 12h。

(2)在 3.3～3.5bar 时,缓慢转动刀盘 2～3 次,转速控制在 0.5r/min 以内。

(3)做好分级加压过程中每一级压力少量多次注入衡盾泥用量、动态稳压时间等参数记录(见表 6-3),为后续能否进仓提供判断依据。

兰州地铁项目分级加压记录　　　　表 6-3

序号	土仓压力变化范围 (bar)	稳压时段 (min)	补注衡盾泥量(L) (按冲程计算)	动态稳压时间 (min)
1	2.5～2.7	2016.02.25 22:00~02.26 8:46	2393.7	480
2	2.7～2.9	2016.02.26 8:46~12:45	1125.6	180
3	2.9～3.1	2016.02.26 12:46~15:40	838.1	132
4	3.1～3.3	2016.02.26 15:41~19:32	738.1	148
5	3.3～3.5	2016.02.26 21:00~2016.02.27 9:56	1450.8	720

5)盾构机后退

本台盾构机采用主动铰接形式,在分级加压至 3.1～3.3bar 区间内,松开铰接,继续注入衡盾泥,在确保压力稳定的情况下,利用注衡盾泥的反作用力使盾构机自然后退 5～8cm。盾构机后退期间,重点关注沉降数据。

6)气浆置换

(1)以每级 0.2bar 的压力降进行分级降压:3.5～3.3bar、3.3～3.1bar 采取自然降压,密切观察泄压时间并做好记录;3.1～2.9bar、2.9～2.7bar、2.7～2.5bar 三级进行气浆置换,即排土方式降压,每级降压后稳压 2h。

(2)开始进行排土降压时,即应启动保压系统,防止螺旋输送机出土时产生负压,破坏衡盾泥泥膜的整体性。

6.3.3　衡盾泥泥膜护壁进仓作业效果和技术发展

1)进仓作业效果

进仓观察到刀盘切口环位置、刀盘背板位置处的衡盾泥覆盖情况良好,泥膜护壁效果非常明显,仓内无渗漏水现象;在 10 点位方向脱落滚刀刀箱位置前方开挖面泥膜覆盖好,厚度约为 10cm(见图 6-25)。此次压气作业时间共计 38d,压气进仓 180仓;除初期更换正面滚刀过程中进行人工涂抹补强工作外,其余时间未做任何处理。

2)技术发展

本工程应用效果检验和揭示了衡盾泥在渗透系数大的砂卵石地层的渗透和固结情况。

图 6-25　衡盾泥泥膜覆盖情况

在边缘刮刀处理过程中,对开挖面进行了掏空作业。3 点、9 点位开挖面掏空 50cm,渣土干燥无水,部分需用洋镐或风镐凿除,强度 5～10MPa。由此可见,衡盾泥泥浆渗透至地层中,形成一个整体的区域固结体(见图 6-26),除形成 10cm 厚的泥膜,泥浆颗粒渗透距离至少有 40cm,提高了进仓作业过程中开挖面的稳定性。

图 6-26　衡盾泥渗透区固结体

此外,根据材料的注入量也可推测出衡盾泥泥浆在地层中的渗透作用。本次衡盾泥材料共计注入 36m³,置换过程中出渣 15m³;另有约 4m³ 材料填充至切口环、护壁刀盘背板及覆盖土仓内剩余渣土表面;剩余 17m³ 材料扩散填充至盾体周围及地层孔洞或孔隙中(见图 6-27)。

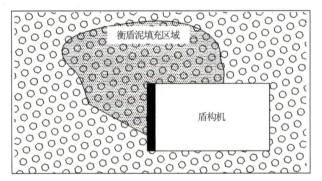

图 6-27　衡盾泥扩散范围及固结体示意图

6.4 应用于广州地铁 8 号线全断面富水砂层盾构工程

广州地铁 8 号线北延段亭岗站—石井站区间盾构结泥饼需进仓检查，因停机时间过长，土仓内及刀盘周边砂层失水固结，导致刀盘无法转动。现场通过采用灌水、水平旋喷桩搅拌松动后，逐步清空固结在土仓内的渣土。后续衡盾泥泥膜护壁工艺实施过程中，考虑富水砂层的特性，及时对浆渣置换步骤进行了调整：首先采用浓膨润土浆进行"洗仓"，然后用衡盾泥置换土仓内的浓膨润土浆，同时增加"衡盾泥使用前土仓内情况探明"工序。该工程应用衡盾泥泥膜护壁带压进仓共 8 次，均取得预期效果。

衡盾泥泥膜护壁带压进仓技术在稳定性较差的全断面富水砂层中应用尚属首次，此工程后，形成了衡盾泥泥膜护壁工法的标准流程。

6.4.1 工程简介

1）工程概况

广州地铁 8 号线北延段亭岗站—石井站区间，盾构隧道总长约 1550m，此区间采用海瑞克双螺旋土压平衡盾构机施工。

2）盾构机停机过程

左线盾构机掘进至第 349 环时，出现推力大、扭矩大、速度慢、渣温高的情况，初步判断为盾构机刀盘结泥饼。鉴于盾构机即将进入上软下硬地层，局部岩石强度达 106MPa，于是在第 349 环停机进仓检查。

3）停机位置地质概况

停机位置隧道埋深 12m，如图 6-28 所示，开挖面地层为全断面〈3-2〉中粗砂层，上部有约 2.1m 厚的〈4-2B〉淤泥质土层，回填土层厚 4～5m；地下水水位埋深为 1.5m，土层孔隙大，渗透系数大，容易漏气渗水。对刀盘前方地层进行取样，与地质勘察报告相符，即前方地层为全断面〈3-2〉砂层（见图 6-29）。

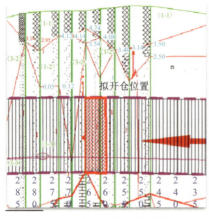 

图 6-28　停机位置地质剖面图　　　　图 6-29　地层取样情况

6.4.2　衡盾泥应用过程

1）进仓风险分析

本工程进仓作业面临两大风险：

（1）停机位置隧道上方右边 50m 处有一个人工湖，隧道受河涌的影响，开挖面的砂砾地层渗透系数大，气密性较差。

（2）开挖面(3-2)中粗砂层夹杂部分粉细砂层，土压平衡盾构机在砂层中掘进采用全土压平衡模式，一旦渣土改良不到位，或者压力控制不当，容易出现渣土板结现象，加之砂层中停机时间过长，渣土也容易失水固结。通过对土仓壁预留孔取芯检查，发现里面的渣土已经固结成"铁板砂"。

2）停机前准备

考虑富水砂层中地层自稳性较差，盾构机长时间停机极易引起盾构机被砂层包裹，停机前在盾体径向多点位注入膨润土充分填充。

3）止水注浆

盾构机停止掘进后，向脱出盾尾后的管片外侧注入衡盾泥材料或双液浆，形成连续止水环，并通过径向孔注衡盾泥包裹盾构机机体。

4）渣土置换

（1）仓内渣土固结原因及措施：因隧道埋深浅，仓内渣土基本处于满仓状态，在长时间停机后砂土发生失水固结，最终形成铁板砂，导致刀盘卡死。经反复讨论研究，制定仓内高压旋喷切割、冲洗方案，用了 6d 时间成功使刀盘脱困。

（2）针对富水砂层具有不稳定性及地层渗透系数大等特点，提出不直接使用衡盾泥泥浆置换土仓内渣土，而调整为先使用漏斗黏度为 25～40s 的膨润土进行"洗仓"作业，再用衡盾泥置换膨润土泥浆的处理方案。基于本工程形成铁板砂的启发，增加"衡盾泥使用前土仓情况探明"工序，即查明土仓内"渣""浆""气"的含量及比例，有针对性地制定渣土置换方案。

5）泥浆置换

使用衡盾泥置换土仓内膨润土泥浆，注入点位选用土仓隔板 10～2 点位之间的多个预留孔，从盾构机上部压注。利用螺旋输送机进行排渣，置换过程中低速（0.5r/min 以内）转动刀盘。衡盾泥注入时，土仓压力高于膨润土"洗仓"后压力 0.1～0.2bar，以注入量和排出量相等为原则进行双向控制，直至螺旋输送机出土口排出的渣土全部为衡盾泥时（含量在 95% 以上），认为泥浆置换完成。

6）分级加压

在渣土置换完成后，分四级加压（1.2～1.4bar、1.4～1.6bar、1.6～1.8bar、1.8～2.0bar），每一级加压均通过土仓壁预留孔多次少量地注入衡盾泥。每个梯级（0.2bar）应确保 2h 的动态保压时间，过程中可以低速转动刀盘（0.1～0.5r/min，转半圈），以保证注入和开挖面渗透的均匀性，加压至最后一级压力时，需进行 12h 的动态保压观察。

7）盾构机后退

衡盾泥第三级加压时，松开盾构机铰接，利用注入衡盾泥的压力使盾构机后退约 10cm，并加大衡盾泥注入量，使之填充至刀盘与开挖面之间的孔隙，形成衡盾泥泥墙。期间严格控制土仓压力，禁止转动刀盘，加强地面监测。

8）气浆置换

开启土仓自动保压系统，在最高压力稳压 12h 以后，首先采取自然降压方案；待自然降压不能下降后，再采取泄气降压方案降压至工作压力；在气压稳定的情况下，利用螺旋输送机进行排土，降低仓内衡盾泥液面。

9）进仓条件判断

（1）气浆置换以后，在开启自动保压系统的情况下，直至进仓工作压力能够稳压 6h，并满足空压机加压时间小于其待机时间的 10%，则认为衡盾泥泥膜护壁完成，否则应重新制作泥膜。

（2）现场必须对衡盾泥置换、分级加压、地表监测数据、气浆置换过程中的具体泄压时间、衡盾泥补注量的详细记录进行综合分析和反馈，以确定是否具备进仓条件。

6.4.3 衡盾泥泥膜护壁进仓作业效果和技术发展

1) 进仓作业效果

进仓后观察到开挖面泥膜质量好（见图6-30），刀盘上滚刀被泥膜包裹；作业过程中，泥膜未发生漏气，空压机的供气量小于供气能力的10%，满足进仓保压要求。本次进仓保压时间超过10d，期间清理渣土、检查并更换滚刀16把，刮刀25把，顺利完成了进仓的预期目的。换刀结束后，对开挖面进行钻孔取样，从渣样图片可以看出，泥浆在地层中的渗透带长度约16.5cm（见图6-31）。

图6-30 开挖面泥膜　　　　　　图6-31 衡盾泥渗入开挖面情况

2) 技术发展

（1）渣土置换调整为"先膨润土置换仓内渣土，然后衡盾泥置换膨润土泥浆"。低黏度的膨润土在一定压力作用下，可率先渗透开挖面砂层；后续在分级加压作用下，高黏度衡盾泥泥浆再渗透开挖面地层，以提高地层渗透带的稳定性。

（2）本工程增加"衡盾泥使用前土仓内情况探明"工序，同时形成衡盾泥泥膜护壁工法标准流程。

6.5 应用于厦门地铁2号线双仓式泥水平衡盾构机下穿海域塌陷段工程

2016年9月，厦门地铁2号线海沧大道站—东渡路站区间，泥水盾构在海底掘进时突遇孤石，11把刮刀掉落仓底，需进仓换刀；盾构机停机位置上方发生塌陷，地质环境十分险恶，进仓换刀风险大。相关单位提出三种解决方案：

（1）海底加固后带压进仓，方案存在一定风险，但工期短，成本低。

（2）海平面施作围堰，开挖施工，方案工期长，成本难以评估。

（3）专业潜水员进仓换刀，方案效率低，无法实施。

经多次专家讨论及权衡，决定采用海底加固＋衡盾泥泥膜护壁工法带压进仓。

本工程为衡盾泥泥膜护壁工法第一次在泥水平衡盾构机中应用，该泥水平衡盾构机为海瑞克盾构机，泥水仓为双仓式结构。

6.5.1 工程简介

1）项目概况

海沧大道站—东渡路站区间全长约3.2km，采用2台复合式泥水平衡盾构机自海沧大道站始发，沿海沧大道向北敷设，然后以500m的曲线半径下穿海沧湾公园后入海，经大兔屿，穿越厦门西港，于国际码头1号泊位上岸，然后以350m的曲线半径下穿邮轮城二期地块，最后到达东渡路站（见图6-32）。

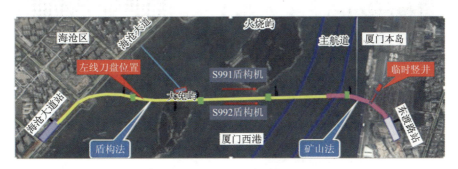

图6-32　海沧大道站—东渡路站区间平面图

2）盾构机停机过程

左线盾构机掘进到第354环时，因刮刀掉落需进仓换刀。地质资料显示，开挖面位于全断面强风化变质砂岩（见图6-33），覆土厚度12m（3.7m厚淤泥层＋3.8m厚全风化变质砂岩＋4.5m厚强风化变质砂岩），海水深度4.8～11.3m，开挖面距离断裂带100m。实际上，盾构机掘进排出的渣土中含有大量安山岩块，与地质资料不相符。盾构机停机位置上方存在塌陷区（见图6-34），近似圆形，直径15m，基本覆盖盾体区域，边坡垂直，近似圆柱体，深度约7m。

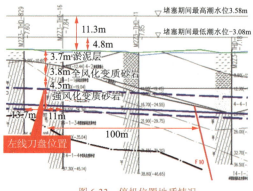

图 6-33　停机位置地质情况　　　　图 6-34　盾构上方塌陷区

3）塌陷处理

塌陷事故发生后,施工单位立即对海面冒浆区进行测量,确定塌陷范围,然后对塌陷区域采用黏土回填处理(见图 6-35);之后采用聚氨酯包裹盾构机机体;再用水泥—水玻璃双液浆对海底地层进行加固,加固范围为刀盘前后 10m、盾体两侧 7m(见图 6-36)。

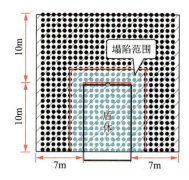

图 6-35　黏土装袋回填　　　　图 6-36　海底双液浆加固范围示意图

6.5.2　衡盾泥应用过程

1）进仓作业风险分析

(1)地层发生大面积塌陷,虽经过海底回填及双液浆加固处理,但仍有存在松散间隙的风险,故对衡盾泥分级加压指标控制要求更加严格,以提高其在地层中渗透填充的效果;同时,塌方区泥水仓与海水连通,衡盾泥材料在海水高氯离子浓度环境下使用,能否保持其性能有待检验。

(2)该项目之前,衡盾泥工法只在土压平衡盾构机上使用过;对于双仓式泥水平衡盾构机(见图6-37)，高黏度的衡盾泥泥浆(经过长时间静置以后，由流塑状变成软、可塑状)在渣土置换、气浆置换阶段能否顺利排出也存在疑问。

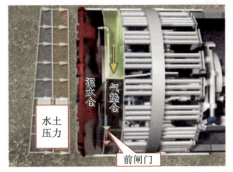

图 6-37　泥水平衡盾构机双仓结构形式

2）泥膜制作前准备工作

（1）准确收集盾构机停机位置处的水文地质条件、埋深等基础信息，尤其要收集每天海面潮汐水压波动信息，严格计算衡盾泥在停机位置的静止水土平衡压力、分级加压最高压力以及进仓作业压力值。

（2）及时调整海水环境下的衡盾泥材料配方，确保材料性能不降低，现场监督配制工艺流程，确保材料质量。

（3）潜水员潜入水下关闭泥水平衡盾构机双仓结构中间的前闸门，同时打捞出泥水仓、气垫仓内的刀具。

3）衡盾泥泥膜制作流程

（1）利用同步注浆系统注入 $42m^3$ 衡盾泥，完成衡盾泥与浓泥浆的置换工作。

（2）计算出衡盾泥在高潮汐水位时的压力为 2.3bar，按照五级进行分级加压，即 2.3～2.5bar、2.5～2.7bar、2.7～2.9bar、2.9～3.1bar、3.1bar～3.3bar。考虑地层曾有塌方，每级稳压时间必须严格控制在 2h，压力下降不高于 0.1bar（见图 6-38、图 6-39），最后一级必须稳压 6h，压力下降小于 0.1bar 才能视为稳压成功。根据统计，分级加压阶段共注入衡盾泥 $37.5m^3$，稳压成功。

4）气浆置换

在保压完成后进行仓内气浆置换，现场尝试采取三种方法：

（1）反接同步注浆泵电流，利用该泵的反抽功能，从泥水仓内抽出衡盾泥。实际效果：失败。衡盾泥在泥水仓内被长时间静置、挤压变成可塑状，只有少量（不到 $1m^3$）衡盾泥被抽出。

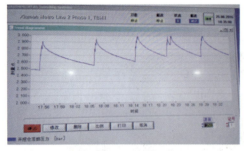 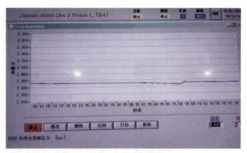

图 6-38　稳压 20min 数据曲线　　　　　图 6-39　稳压 2h 数据曲线

（2）利用泥水仓壁预留的注浆管灌入清水稀释衡盾泥，再开启泥浆循环系统进行排泥。实际效果：失败。多次尝试后均无法启动循环系统。

（3）考虑泥水仓内的衡盾泥呈可塑状态，现场直接打开土仓的前仓门，发现衡盾泥完全可以自立（见图 6-40），采用人工进仓清理、倒运的办法，把泥水仓内的衡盾泥搬到气垫仓内（见图 6-41），在气垫仓内对衡盾泥泥浆进行稀释，然后正常排出。

 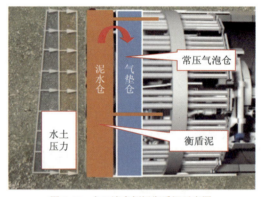

图 6-40　仓内衡盾泥填充情况　　　　　图 6-41　人工清仓倒运衡盾泥示意图

6.5.3　衡盾泥泥膜护壁进仓作业效果和技术发展

1）进仓作业效果

进仓观察到刀盘切口环位置、刀盘背板位置处的衡盾泥覆盖情况良好，泥膜护壁效果非常明显，仓内无渗漏水现象。作业过程中，除初期更换正面滚刀过程中进行人工涂抹补强工作外，其余时间未做任何处理。压气作业时间共计 20d，压气进仓 35 仓；打捞出掉落的刮刀 13 把、部分刮刀保护块、滚刀刀圈，并清理大量石块（见图 6-42），同时完成刀具的检查更换（见图 6-43）。

图 6-42 仓内掉落的保护块、刮刀、孤石

a) 挖泥检查刀具　　　　　　b) 更换冲击损坏的滚刀　　　　　c) 更换刀圈掉落的滚刀落

图 6-43 进仓检查更换刀具

2) 技术发展

本工程案例表明：衡盾泥适用于双仓式泥水平衡盾构机；衡盾泥在海水中性能稳定，具有抗氯离子渗透性。

6.6 应用于佛山地铁 2 号线单仓式泥水平衡盾构机穿越地下障碍物工程

佛山市南海区新型公共交通系统试验段，夏西站—夏东站盾构区间工程左线盾构机在掘进过程中出现参数异常情况，并排出许多异物，需进仓检查。本工程采用 WSS 加固＋衡盾泥泥膜护壁带压进仓工法，最终完成进仓作业。

本项目为衡盾泥泥膜护壁带压进仓工法第二次在泥水平衡盾构机上应用，该泥水平衡盾构机为三菱盾构机,泥水仓结构为单仓式。

6.6.1 工程简介

1)项目概况

夏西站—夏东站区间线路出夏西站后,沿佛平路向东行进,经过佛山一环高架侧穿佛平路地下隧道,穿越锚索处理区,侧穿依岸康堤小区,并下穿两道河涌暗涵,线路在佛平路与聚元路十字路口进入夏东站(见图6-44)。隧道全长941.401m,左、右线各采用一台三菱泥水平衡盾构机施工。

图6-44 夏西站—夏东站区间平面图

2)盾构机停机过程

2017年4月4日,右线盾构机掘进至280环时,盾构参数开始发生变化,推力、扭矩增大,总推力最大值为27610kN,刀盘扭矩最大值为2943kN·m,刀盘电动机温度最大值为65℃。且在盾构机掘进过程中频繁出现泥浆环流不畅,多次开采石箱均发现旋喷桩钻杆、刀盘刮刀、钢筋及少量锚索钢绞线等滞碍物(见图6-45)。盾构机掘进至316环停机准备进仓,累计清理出的滞碍物见表6-4。

  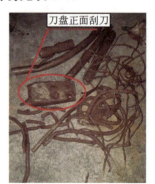

图6-45 采石箱内清理出的部分滞碍物

采石箱内清理出的滞碍物数量统计表   表 6-4

环 号	钢筋(kg)	钻杆(m)	刮刀(把)	钢丝管(m)	旋挖钻刀头(个)
280 环	1.1	0.4	—	1.5	1
285 环	3.56	0.8	—	—	—
294 环	13.18	1.78	1	—	—
310 环	1.6	—	—	—	—
312 环	26.58	—	—	—	—
313 环	16.76	0.55	—	—	—
共计	62.78	3.53	1	1.5	1

注：钢筋直径为 18mm，钻杆直径 50mm，刮刀为刀盘正面刮刀。

3）停机位置地质概况

盾构机停机位置位于佛平三路辅路边的人行道及绿化带下方（见图 6-46）。该位置隧道埋深 14.6m，开挖面穿越地层为〈2-8-3〉细砂、〈2-9-2〉中砂和〈7-2-2〉强风化粉砂质泥岩；隧道上方有电力管线和通信

图 6-46 盾构机停机位置路况图

管线各一条；盾构机前方 35m 下穿河涌暗涵，河涌暗涵为混凝土框架结构，净宽 11.80m，高度 4.00m，河涌暗涵底与隧道顶净距为 10.60m（见图 6-47）。

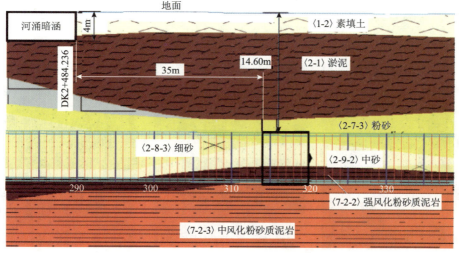

图 6-47 盾构机停机位置地质情况

6.6.2 衡盾泥应用过程

1）衡盾泥施工难点分析

本项目中衡盾泥施工最大的难点是如何顺利、微扰动地排出衡盾泥,拟采取的方案如下:

(1)单仓式泥水平衡盾构机环流系统中排浆管直接进入泥水仓,可尝试在仓内稀释衡盾泥以后,开启系统正反循环进行排泥。

(2)人工清仓方案。因没有气垫仓,只能由进仓作业人员将衡盾泥装袋后,通过人闸门运出,因此进仓作业工作量大、作业时间延长。

2）渣土置换

做好止水环后,利用衡盾泥进行渣土置换洗仓(衡盾泥洗仓前已经对仓内进行环流洗仓),仓内压力1.8bar,此时衡盾泥正常排出。

3）WSS加固

为安全起见,施工单位选择WSS加固后进行衡盾泥泥膜护壁进仓作业。加固前仓内压力为2.4bar,WSS注浆压力动态调控在2bar左右,仓内压力不能超过3bar,但在加固过程中曾出现仓内压力达到4.0bar的情况,WSS加固过程中未转过刀盘。

4）分级加压

WSS加固完成后直接进行分级加压。仓内压力从1.8bar开始,以梯度0.2bar加到2.6bar,在2.2~2.4bar加压过程中,边加压边往仓内注入衡盾泥,同时刀盘后退,压力到2.6bar后保压6h。

5）气浆置换

加压完成后开始进行气浆置换。在3点、9点位处往外排出约0.4m³混凝土块和水磷酸(见图6-48),之后再无泥浆排出。后慢慢转动刀盘2~3圈,扭矩为

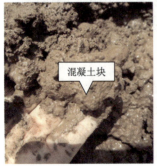

图6-48 排出的混凝土块、水磷酸和砂粒

启动扭矩(低于 600kN·m),因担心泥膜破坏而停止转动刀盘。尝试注入清水稀释衡盾泥后,开启系统正反循环,仍然无法成功,最终人工清仓。

6.6.3 衡盾泥泥膜护壁进仓作业效果和技术发展

1)进仓作业效果

(1)第一次进仓情况

进仓后,人工清仓到约 4 点、8 点位(累计清仓 16 仓,见图 6-49),开挖面基本到泥岩层,清理出来的渣土呈泥饼状,里面伴有水磷酸和混凝土块;开挖面泥膜效果好(见图 6-50),此时开始更换上部刀具。

图 6-49 清仓到 4 点、8 点位时仓内情况

图 6-50 开挖面泥膜效果好

在更换完 10 把刀具后(累计进仓 29 仓),刀盘前方 20~40m 位置地面出现漏气,但仓内压力未下降,空压机频率加快,于是往仓内加入膨润土浆液,然后对地面漏气处进行 WSS 注浆加固。加固完成后,采用盾构机逆循环方式对泥水仓泥浆进行循环,最后通过 7~8 点位排浆孔排出部分泥浆,而 4~5 点位排浆孔则无法排出泥浆。

(2)第二次进仓作业情况

此次进仓发现,原泥水仓存留的泥渣堆积在 2~7 点位,仓内泥浆排到 4 点、8 点位后无法再排出,进行人工清渣到底,完成剩余刀具更换。最后几仓开挖面泥膜效果非常好,未出现开裂、渗水现象(见图 6-51)。

本次停机换刀历经 19d(不含加固

图 6-51 最后几仓开挖面情况

时间),共作业 71 仓,累计换刀 83 把,其中单刃滚刀更换 21 把,双刃滚刀更换 9 把,小刮刀更换 30 把,大刮刀更换 23 把。

2)技术发展

衡盾泥与其他工法配套使用时,需注意工法间的衔接细节。例如本工程在衡盾泥洗仓后进行 WSS 加固,加固过程中从未转动刀盘,且加固完成后未再次清仓,尤其加固过程中曾出现仓内压力高达 4bar 的情况。为防止 WSS 材料进入仓内与衡盾泥材料产生固结,在加固过程中应适当缓慢转动刀盘,加固完成后应清除仓内泥浆,保证注浆材料不留在仓内。

6.7 应用于广州地铁 13 号线多次塌方地层工况盾构工程

广州地铁 13 号线首期夏园站—南岗站区间,左线盾构机参数持续异常,地面冒浆、冒泡沫,发生多次塌方。塌方地层常常具有内部多孔洞的特性,气密性差,对泥浆渗透填充及泥膜保压效果要求更高。本工程采用衡盾泥泥膜护壁工法,顺利完成进仓作业。

6.7.1 工程简介

1)项目概况

夏园站—南岗站盾构区间西南起夏园站,东至南岗站,线路大体上沿黄浦东路敷设,沿线管线多,交通量大,周边环境复杂(见图 6-52)。区间采用海瑞克 S539 土压平衡盾构机施工。

2)盾构机停机过程

右线盾构机掘进至 1302 环时,推力持续增大,达到 20000kN;扭矩持续增大,最高达到 4200kN·m;掘进速度为 4~6mm/min;顶部土仓压力为 1.0bar,渣土温度为 36℃。掘进过程超挖导致刀盘上方人行道位置出现冒浆及泡沫情况,地面发生塌陷(见图 6-53),回填砂浆及黄沙总计 27m³。分析地质情况及掘进参数,初步分析认为刀盘局部结泥饼,且部分滚刀发生偏磨与磨损,于是注入高浓度分散剂浸泡48h溶解泥饼,盾构机恢复掘进。

图6-52　夏园站—南岗站区间平面图

盾构机在1305环从250mm掘进至770mm期间,出土量约35m³,超挖约13m³;掘进过程中螺旋输送机处于喷涌状态,出土量不可控;部分滚刀偏磨或磨损,切削量不足;地面再次塌陷,回填约13m³(见图6-54)。盾构机被迫停机,需进仓检查及换刀。

图6-53　地面发生漏浆和塌陷

图6-54　地面再次发生塌陷

3)停机位置周边环境及地质概况

本次停机所处地面位置为黄埔东路,刀盘还有4环到达新港铁路支线,铁路桥桥宽为8.4m。根据竣工图资料,新港铁路支线桥为框架结构,桥两侧有桩基础,为挖孔灌注桩,桩径1.5m,桩长约24m,桩与隧道净距离为2.1m。隧道上方管线众多(见图6-55),包括$\phi300$mm、$\phi1200$mm自来水管,$\phi600$mm煤气管线及多条通信管线,其中自来水管结构形式为混凝土管。

停机位置隧道埋深为10.7m,隧道上方地层从上到下依次为〈1〉淤泥、〈2-4〉粉质黏土、〈2-3〉中粗砂;开挖面范围内地层为混合花岗岩〈6Z〉、〈7Z〉、〈8Z〉。

该地层多次塌方，内部存在大量孔洞，上方又为砂层，未经任何加固。

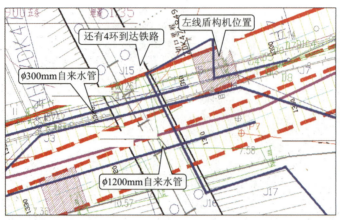

图 6-55　停机位置示意图

6.7.2　衡盾泥应用过程

采用衡盾泥泥膜护壁，泥膜制作工艺流程见表 6-5。因本工程的特殊性，所以在工法细节上有所调整：①渣土置换阶段，观察到渣样中有许多岩块，直接采用衡盾泥置换渣土，将岩块裹挟带出；②分级加压阶段，延长每级稳压的时间。因地层发生两次塌方，内部有存在孔洞的风险，因此延长稳压时间，尽可能利用气压打破之前的平衡，将孔洞填充密实。

衡盾泥泥膜制作工艺流程　　　　　　　表 6-5

序号	工序步骤	技术要求
1	盾尾止水环（双液浆）	对脱出盾尾第 3～7 环进行双液浆注浆，控制管片后部来水，并确保止水环的施工质量
2	盾构机机体包裹	通过径向孔、同步注浆管路注入衡盾泥包裹住盾构机机体
3	带压进仓压力的确定	根据地质条件，掘进期间压力，确认本次进仓作业工作压力
4	浆渣置换	①选择土仓隔板 3～9 点位之间的预留孔注入衡盾泥（见图 6-56），从土仓顶部压注，底部螺旋输送机排渣，排渣过程中大块岩块被裹挟带出（见图 6-57）；②置换过程中，严格控制土仓压力，避免压力波动范围超过 ±0.5bar
5	分级加压	①分三级加压，每级 0.2bar，少量多次注入衡盾泥进行加压，要求每级动态稳压 6h；②在分级加压至 1.4bar 之前，缓慢转动刀盘，转速小于 0.5r/min
6	盾构机后退	衡盾泥分级加压在第二级与第三级之间时，利用注入衡盾泥的压力使盾构机后退，严格控制土仓压力，加强地面监测
7	气浆置换	①利用压缩空气管路（非自动保压系统）对土仓进行加压，同时螺旋输送机排出衡盾泥 10～15m³，注意控制进气量和排浆量；②1.4～1.2bar 采用自然降压或泄气降压

续上表

序号	工序步骤	技术要求
8	进仓判断标准	①浆气置换完成后,在保压系统开启的情况下,能够保压 6h 以上,则认为衡盾泥泥膜护壁完成; ②通过分析衡盾泥置换、分级加压、浆气置换过程中的具体泄压时间、衡盾泥补注量的详细记录,确定是否具备进仓条件。 以上两个条件缺一不可

图 6-56　本工程制备的衡盾泥

图 6-57　衡盾泥置换出的渣土中挟带的岩块

6.7.3　衡盾泥泥膜护壁进仓作业效果和技术发展

1) 进仓作业效果

进仓后泥膜效果明显,开挖面稳定(见图 6-58);本次进仓作业累计 64h,清理损坏刀箱并累计更换 10 把边缘滚刀(见图 6-59)。盾构机掘进在更换完刀具后一气呵成,直接到达接收端。

图 6-58　开挖面泥膜效果显著

图 6-59　更换下来的边缘滚刀

2) 技术发展

衡盾泥既能填充密实塌陷形成的孔洞孔隙,又能形成合格的泥膜。

6.8 应用于广州地铁 14 号线孤石和基岩侵入地层工况盾构工程

广州地铁 14 号线支线 5 标马头庄站—枫下站、枫下站—知识城站两区间项目共计 12 次进仓,其中前 4 次分别采用膨润土泥膜护壁后带压进仓、WSS 预加固后常压进仓和旋挖桩处理孤石+液氮冷冻法常压进仓技术,后 8 次均采用衡盾泥泥膜护壁带压进仓技术。本工程是花岗岩孤石和基岩凸起地层中盾构进仓的典型案例,尝试了各种进仓方法。在相同工况条件下,各种方法在时效性、安全性及施工成本等方面都具有一定的可比性。

6.8.1 工程简介

广州地铁 14 号线支线 5 标共两个盾构区间(见图 6-60):马头庄站—枫下站区间(简称马枫区间)右线长 1871m,左线长 1866.462m,左右线间距 13～14m,隧道覆土 9.76～23.3m;枫下站—知识城站区间(简称枫知区间)右线长 2059.9m,左线长 2057.966m,左右线间距 13～14m,隧道覆土 10.11～23.92m。

本标段的两个区间隧道大量穿越〈6H〉全风化花岗岩层和〈7H〉强风化花岗岩层,地层局部发育微风化花岗岩孤石及遇到微风化花岗岩基岩侵入,饱和抗压强度达 110MPa。盾构机在此类地层中掘进,需频繁进仓检查更换刀具(见图 6-61)。

图 6-60 区间示意图

图 6-61 偏磨和损坏的滚刀

本标段盾构机施工过程中出现多次停机进仓(见表 6-6),其中枫知区间左线盾构机在 1277 环停机时间最长、处理过程最复杂、耗资最大,且应用的进仓工法种类多样;其他几次停机均采用衡盾泥泥膜护壁工法进仓。下面以枫知区间左线盾构机在 1277 环停机进仓和马枫区间左线盾构机在 1228 环停机进仓为典型案例,对各种进仓工法的使用情况进行详细介绍。

第6章 工程应用和技术发展

广州地铁14号线支线马枫、枫知区间停机进仓情况统计

表6-6

区间		停机位置	停机原因	停机前出现情况	周边环境及地质概况	进仓工法使用情况
枫知区间	左线	1277环（典型案例）	盾构机掘进遇孤石	刀盘震动大，掘进速度下降至5mm/min以下，扭矩增大至3000kN·m，推力上升至31000kN，土压变化快，出渣情况异常，渣土温度达40℃以上，渣样夹杂碎石块	盾构机停机处位于广州市九龙大道九佛路段下方，距离16m处有一条宽约6m的河道，周边房屋多。隧道埋深12m，洞身范围地层为（5H-2）硬塑残积土和（6H）全风化花岗岩，水头高度10m	膨润土泥膜护壁带压进仓：失败。WSS注浆加固后进仓：失败。旋挖钻+液氮冷冻工法进仓：成功，但成本过高。本次停机超6个月，耗资较大
枫知区间	右线	712环	盾构机掘进遇孤石	盾构机掘进至712环时，刀盘扭矩大至3100kN·m，刀盘扭矩上升至31000kN，推进速度降为0~6mm/min，渣样中无碎石或石块，有超排土现象，出土异常，经判断刀具损坏严重，被迫停机进仓	盾构机停机处位于广州市九龙大道花城药厂路段下方，周边建筑物较少，上方有地下管线。隧道埋深24m，洞身范围地层为（6H）全风化花岗岩和（7H）强风化花岗岩全风化岩，水头高度21m	衡盾泥泥膜护壁带压进仓工法一次成功
马枫区间	左线	650环	盾构机掘进遇孤石	盾构机掘进至650环时，刀盘扭矩1000~1800kN·m，推力至18000kN，推进速度3~6mm/min，刀盘破弧石有震动，长度约1.1m，有超碎石块。掘进参数异常，刀盘多次因扭矩超限跳停	盾构机停机处位于广州市九龙大道下方，上方有地下管线。隧道埋深23m，洞身范围地层为（6H）花岗岩全风化和（7H）强风化岩，水头高度20m	衡盾泥泥膜护壁带压进仓工法一次成功
马枫区间	左线	797环	盾构机掘进遇孤石	盾构机掘进至797环时遇弧石，刀盘扭矩1300~2200kN·m，推力18000kN，推进速度3~5mm/min，刀盘破弧石震动较大，刀盘多次跳停，推进1.1m后，出土异常，渣样有碎石块，经判断刀具损坏严重，被迫停机进仓	盾构机停机处人行道下方，上方有地下管线。隧道埋深23m，洞身范围地层为（6H）全风化花岗岩和（7H）强风化花岗岩，水头高度21m	衡盾泥泥膜护壁带压进仓工法一次成功

续上表

区间		停机位置	停机原因	停机前出现情况	周边环境及地质概况	进仓工法使用情况
马枫区间	左线	1044环	盾构机破碎孤石后刀具磨损严重,刀盘结泥饼	盾构机掘进至1044环时,刀盘扭矩逐渐增大至2500kN·m,推力23000kN,推进速度降至0~5mm/min,出土正常,渣样温度较高。经对渣样、掘进参数等综合分析,刀盘在通过孤石(累计长度>10m)时磨损严重,刀盘结泥饼,被迫停机进仓	盾构机停机位于广州市九龙大道外侧农田果林下方,上方有地下管线。隧道埋深17m,洞身范围地层为〈6H〉全风化花岗岩和〈7H〉强风化花岗岩,水头高度15m	衡盾泥泥膜护壁带压进仓工法一次成功
		1228环(典型案例)	基岩凸起,盾构机掘进困难	盾构机掘进至1228环时,刀盘扭矩逐渐增大至2200kN·m,推力逐渐增大至18000kN,推进速度逐渐降至3~5mm/min,出土异常,渣土温度较高,渣样有碎石块,有4环基岩凸起段无法实施爆破,被迫停机进仓	盾构机停机位于广州市九龙大道新南中桥东侧上方中桥,南中桥西侧为新南中桥,盾体上方为河道,隧道埋深9m,洞身范围地层为〈8H〉中风化花岗岩和〈9H〉微风化花岗岩,水头高度8m	衡盾泥泥膜护壁带压进仓工法一次成功
	右线	701环	盾构机掘进遇孤石	盾构机掘进至700~701环时遇孤石,刀盘扭矩逐渐增大至2500kN·m,推力17000kN,推进速度0~5mm/min,出土正常,渣土温度较高,渣样有碎石块,刀盘震动较大,经判断刀具损坏严重刀具磨损严重,被迫停机进仓	盾构机停机带化带外,上方有地下管线。隧道埋深21m,洞身范围地层为〈6H〉全风化花岗岩,水头高度18m	衡盾泥泥膜护壁带压进仓工法一次成功
		947环	盾构机破碎孤石后刀具磨损严重,刀盘结泥饼	盾构机掘进至947环时,刀盘扭矩逐渐增大至2100kN·m,推力17000kN,推进速度0~5mm/min,整体参数变化较大,经判断盾构机在通过孤石时刀具磨损严重,刀盘结泥饼,被迫停机进仓	盾构机停机位于广州市九龙大道下方,上方有地下管线。隧道埋深21m,洞身范围地层为〈7H〉强风化花岗岩,水头高度18m	衡盾泥泥膜护壁带压进仓工法一次成功

6.8.2 传统进仓方法的应用情况

1）枫知区间左线盾构机1277环停机情况

（1）盾构机停机过程

左线盾构机掘进至1277环时，刀盘震动大，掘进速度下降至5mm/min以下；扭矩增大至3000kN·m，且波动较大，推力上升至31000kN，土压变化快，出渣情况异常，渣土夹杂碎石块及部分刀圈断裂（见图6-62），渣土温度达40℃以上。据此判断盾构机遇到未探明孤石。

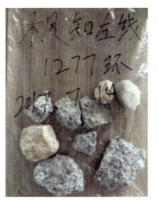

图6-62 盾构机掘进至1277环的渣样及断裂的刀圈

盾构机遇到孤石后，由于不能确定孤石大小，一般情况下会选择加大推力将孤石压碎或将其推出隧道范围外的处理方法。但由于本次突遇的孤石体积大，盾构机加大推力后自身刀盘频繁被卡，而孤石轻微移动后扰动上方中粗砂致使地面塌陷。因此，需要停机进仓检查，更换刀具并处理孤石。

（2）停机位置地质概况

盾构机停机后，探明孤石位于刀盘中心至右侧3点位范围，孤石纵向长约2.6m，横向长约3.3m，厚约1.4m；洞身范围内地层上部为2.0m厚〈5H-2〉硬塑残积土，下部为4.0m厚〈6H〉全风化花岗岩。

2）膨润土泥膜护壁带压进仓应用情况

（1）膨润土泥膜施工工艺

施工现场从经济性和时效性出发，首先选用钠基膨润土泥膜护壁工法尝试带压进仓。膨润土泥膜施作流程如图6-63所示，其中分级加压阶段每级加压时注入的膨润土黏度逐步提高，目的是提高泥浆在地层中的渗透效果。

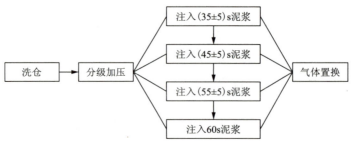

图 6-63 膨润土泥膜护壁施工工艺流程图

（2）进仓情况

经过约 5d 的时间进行分级加压施作泥膜，仓内压力基本达到稳定，作业人员随即进仓检查开挖面泥膜形成情况；进仓半小时左右，开挖面 11 点位有小股水流涌出，作业人员马上撤回人闸中；同时地面检查人员发现，原塌陷位置出现漏气，随即进行注浆封闭。钠基膨润土泥膜护壁带压进仓失败。

3）WSS 注浆加固辅助进仓应用情况

膨润土进仓失败后，施工单位选择地层加固辅助进仓的方法，对各种加固方法进行比选（见表 6-7）后决定采用 WSS 工法。

地层加固进仓比选　　　　表 6-7

加固方式	加固效果分析
旋喷桩加固	采用旋喷桩进行地面加固，在 1281 环隧道洞身〈5H-2〉硬塑残积土、〈6H〉全风化花岗岩中加固成桩效果较差，在拱顶富含动水的〈3-2〉中粗砂层中成桩效果也较差，且在孤石位置无法施工
搅拌桩加固	水泥搅拌桩在此地层（尤其是在隧道中下部为〈6H〉全风化混合花岗岩），土层搅拌不均匀且搅拌困难，加固成桩效果较差，且在孤石位置无法施工
旋挖桩加固	有孤石处无法加固
袖阀管注浆加固	注浆浆液的可控性较差，易出现串浆及跑浆现象，浆液易流失到加固区域以外的地方，在黏性土和砂质黏性土地层中，浆液注入主要靠挤密和劈裂作用，加固后的注浆固结体强度较低且浆液扩散的均匀性较差，加固效果较差
WSS 工法	WSS 工法适用于各种土层条件，浆材混合液和注浆的方向性可随时调节，浆材的凝胶时间可以从瞬结到缓结，能有效提高土体的整体强度及止水效果，且工期短。在广州地铁 4 号线、7 号线、13 号线及深圳地铁项目有成功应用，积累了较多成功的经验

（1）加固方案

先用 A、B 液（水玻璃 + 磷酸）后退式注浆进行土体排水，提高土体的抗渗性；再用 A、C 液（水玻璃 + 水泥浆）后退式注浆进行土体固结，改变原土体物理性质并提高土体的抗压强度，最终使软弱的土层成为抗渗能力强、抗压强度高和稳定性好的土体，以保证进仓作业安全。

注浆浆液配备如下：

A 液 = 水玻璃(45°Bé)：水 =1∶1

B 液 = 磷酸：水 =1∶10

C 液 = 水泥(42.5R 级普通硅酸盐水泥)：水 =1∶1

A 液∶B 液 =1∶1

A 液∶C 液 =1∶1

（2）加固范围

加固体范围为沿隧道掘进方向长 5.15m、宽 8.4m。

沿隧道布置 5 排注浆孔，共计 33 孔；注浆孔沿隧道方向间距 1.0m，垂直隧道方向间距 1.2m，梅花形布置。具体注浆平面范围与注浆孔位、降水井布置如图 6-64 所示。盾构机所遇孤石位置及 WSS 加固平面布置如图 6-65 所示。

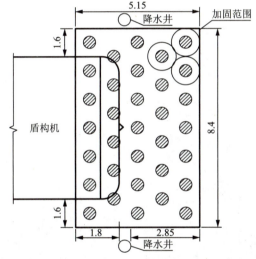

图 6-64　注浆平面范围与注浆孔位、降水井布置图(尺寸单位：m)

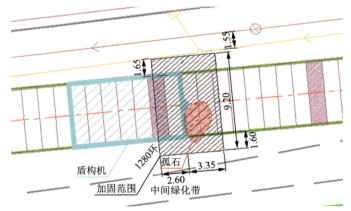

图 6-65　盾构机所遇孤石位置及 WSS 加固平面布置图(尺寸单位：m)

(3)第一次进仓情况

WSS注浆加固时间约35d,其中前期征地、交通疏解等准备工作耗时25d,加固施工耗时10d。加固完成后常压进仓,由于开挖面出现漏水漏砂立即关闭仓门。再次采用WSS进行补强加固,二次加固施工耗时11d。两次加固水泥总用量约340t。

(4)第二次进仓情况

WSS二次加固后进行气压进仓。进仓气压作业时间为2016年9月19日～2016年9月27日,共9d(27仓)。作业人员进仓后发现:经WSS注浆工法加固后,仓内渣土已经与化学浆液凝结形成加固体且加固体强度较高,须采用风镐破除加固体。作业人员完成了仓内约2/5的渣土清理(见图6-66),更换完9把单刃滚刀,在第27仓进仓时开挖面漏气严重,停止进仓作业。同时,施工人员发现刀盘无法起动。WSS注浆加固辅助进仓失败。

图6-66 开挖面清渣情况

4)地面旋挖钻机处理孤石+液氮冷冻加固地层辅助进仓应用情况

鉴于开挖面漏气无法继续在仓内作业,且仓内渣土固结,施工人员决定采用旋挖钻机清理前方孤石,随后采用冷冻法进行地层加固辅助常压进仓的方式,更换剩余刀具和清理仓内渣土。

(1)旋挖钻机处理孤石情况

在地面采用旋挖钻机对孤石进行抽芯破碎处理。距离刀盘0.4m布置7个旋挖钻机抽芯孔(见图6-67),钻孔直径1.0m,钻至隧道底部2m,孤石抽芯处理完成后,采用M7.5水泥砂浆回填。施工过程中共抽取出6个孤石岩芯(见图6-68),其中一个孔因抽取不出岩芯而直接将岩芯压至隧道底部以下2m。

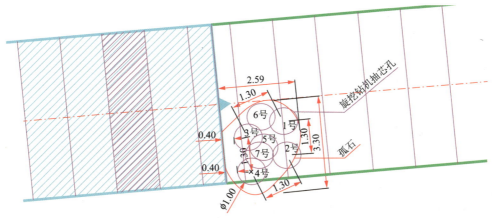

图 6-67　旋挖钻机抽芯孔平面布置示意图（尺寸单位：m）

图 6-68　被旋挖钻挖出的孤石岩芯

（2）液氮冷冻加固地层常压进仓情况

在盾构机上部及刀盘前方利用垂直冻结孔冻结加固地层，使盾构机左右侧、上部和前方范围内土体冻结，形成"∩"状冷冻加固体（见图 6-69）。

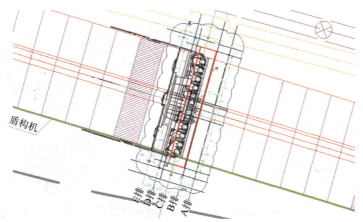

图 6-69　盾构机停机位置、冻结布孔平面图

①液氮冷冻设计方案

采用5排液氮冻结孔,呈梅花形布置(见图6-70)。其中,A排孔距刀盘1.2m,孔间距0.8m,孔深22m;B排孔距A排孔0.735m,距离刀盘0.9m,孔深22m;C排孔距B排孔0.716m,盾构机两侧冻结孔距离盾构机1.0m、孔深22m,盾构机上部冻结孔孔间距1.0m、孔深至盾构机顶部1.5m;D排孔距C排孔0.784m,盾构机两侧冻结孔距离盾构机0.8m、孔深22m,盾构机上部冻结孔孔间距1.0m、孔深至盾构机顶部1.5m;E排孔距D排孔0.679m,盾构机两侧冻结孔距离盾构机0.6m、孔深22m,盾构机上部冻结孔孔间距0.8m、孔深至盾构机顶部1.5m。共设计冻结孔35个,设计孔深626.828m。

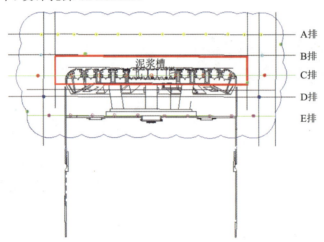

图6-70 盾构机刀盘周边冻结土体剖面图(前进方向示意图)

液氮冷冻加固地层地面情况如图6-71所示,土仓内观察开挖面土体加固情况如图6-72所示。

图6-71 液氮冷冻加固地层地面情况　　图6-72 土仓内观察开挖面土体加固情况

② 进仓作业情况

冷冻法加固地层后常压进仓,清理了刀盘周边全部固结的渣土和冻土,更换了剩余的 17 把单刃滚刀,并检查出盾体与刀盘之间的螺栓连接出现的问题,修复耗时半个月。1227 环总共停机半年后,盾构机恢复了掘进。

6.8.3 衡盾泥泥膜护壁进仓作业效果和技术发展

1)马枫区间左线盾构机 1228 环停机情况

(1)盾构机停机过程

左线盾构机掘进至 1228 环时(见图 6-73),刀盘扭矩逐渐增大至 2200kN·m,推力逐渐增大至 18000kN,推进速度逐渐降至 3~5mm/min,出土异常,渣土温度较高,渣样有碎石块。考虑到基岩侵入隧道段有 4 环无法实施爆破预处理,而盾构机正在未预爆处理段掘进,经综合判断决定停机进仓。

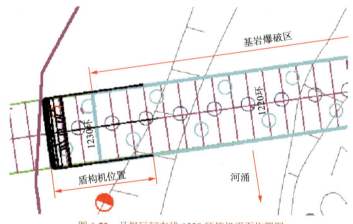

图 6-73 马枫区间左线 1228 环停机平面位置图

(2)停机位置地质概况

盾构机停机处隧道埋深 9m,洞身范围地层为〈7H〉强风化花岗岩、〈8H〉中风化花岗岩和〈9H〉微风化花岗岩,水头高度 8m。

2)衡盾泥应用情况

(1)停机准备:提前完成衡盾泥进仓作业的压力计算、监测点布置、止水环施作等准备工作。

(2)渣土置换:考虑到仓内存在岩块,直接采用衡盾泥置换仓内渣土,裹挟带出岩块;本次衡盾泥制备直接在隧道内完成,将隧道内的剪切泵连接砂浆台车,利用剪切泵进行材料搅拌和性能检测(见图6-74、图6-75),倒运至同步注浆罐中,再进行材料混合并泵送至土仓内,渣土置换在12h内完成。

图6-74 剪切泵

图6-75 搅拌后进行性能检测

(3)分级加压:渣土置换后进行分级加压施作泥膜,分级加压过程见表6-8。

分级加压记录表　　　　　　　　　表6-8

序　号	土仓压力范围	衡盾泥注入量(m³)	动态稳压时间(min)
1	1.2～1.4	9.5	92
2	1.4～1.6	6.5	138
3	1.4～1.6	4	120
4	1.6～1.8	2.7	126
5	1.6～1.8	2.8	135
6	1.8～2.0	1.7	142
7	1.8～2.0	1.8	715

(4)气浆置换:在分级加压最后一级保压满足要求后,进行气浆置换,置换完成后满足6h的稳压条件,人员进仓作业。本次泥膜制作过程,从准备到人员能够进仓作业,消耗时间不超过5d。

图6-76 滚刀刀箱安装位置前方开挖面的衡盾泥

3)进仓作业效果和技术发展

(1)进仓作业效果

作业人员进仓后观察到开挖面泥膜效果好(见图6-76),维修更换刀具期间泥膜稳定;共进仓21次,约5.5d;更换单刃滚刀31把,双刃滚刀1把。

(2)技术发展

衡盾泥适用于富水裂隙发育的全、

强风化花岗岩地层。

6.8.4 各种工法应用效果比较

对本工程中应用的进仓工法在工期、成本及应用效果方面进行对比（见表6-9），以供工程技术人员更好地选择进仓方法。

各种工法对比情况　　　　　　　　　表6-9

序号	比较项目	工法名称			
		膨润土泥膜护壁带压进仓	WSS注浆加固辅助进仓	旋挖钻+液氮冷冻加固辅助进仓	衡盾泥泥膜护壁进仓
1	进仓前准备时间	3～5d；本项目施作泥膜不成功	借地20d；加固10d；共30d	旋挖钻装机4d；钻孔埋管7d；冻结7d；共18d	5～10d
2	仓内作业时间	只保压30min	30d	7d（可延长，但液氮费用增加）	5.5d（完成所有刀具更换）
3	所需费用	材料费2.5万元；人工费1.5万元；共4万元	材料费（水泥+磷酸水玻璃）50万元；人工费10万元；共60万元	材料机具费（其中旋挖孤石45万元，不锈钢管+液氮150万元）=195万元；人工费（钻孔埋管+冻结）=30万元；共225万元	材料费7.5万元；人工费2万元；共9.5万元
		管理费用为2万/d，停机半年，共约360万元			正常管理费，进仓换刀前后耗时约15d，共约30万元
		措施费和管理费总计649万元			措施费和管理费总计39.5万元
4	是否成功进仓	否	否	是	是

展望

本创新成果不仅解决了盾构机带压进仓的世界性难题,丰富发展了盾构施工技术,而且探索出了一种地下工程应急科研攻关模式,即"以问题为导向、以现场为总试验平台、融合多专业人才和智慧、边学习边研究边实践边发展等'多边'同步紧密结合"模式,可为同类工程攻克"急、难、险、重"问题提供借鉴。

目前,衡盾泥技术在盾构施工泥膜护壁带压进仓方面广泛使用,止水封堵和挟渣排石方面也有突破。主要成果如下:

(1)通过不断完善衡盾泥材料在不同地层中的配比和质量控制指标,极大地拓宽了采用改性黏土类材料用于盾构施工带压进仓的地层适应范围。

(2)提出了一整套用于简化衡盾泥泥膜制作的设备装置,节约了衡盾泥搅拌、混合、泵送时间,显著提高了工作效率。

(3)施工工艺控制过程中,通过量化浆渣置换、分级加压过程中衡盾泥材料注入量、稳压时间等基本参数,规范了衡盾泥泥膜护壁工法流程、控制指标,大大提高了泥膜护壁带压进仓工艺的成功率及安全性。

但是科学无止境,衡盾泥工法也是如此,仍需要不断地从材料、设备和工艺多方面融合着手,进一步创新设计、加强试验论证,并在实践中完善和优化。

1)材料优化

(1)降低材料成本

衡盾泥材料主要有A组分、水、B组分。A组分占比达90%以上。A组分中最为主要的材料是优质膨润土,相对于市场上黏土类改性材料而言,衡盾泥A组分与水的质量比仅为1:1.5~1:3,耗量大、成本高,有的施工单位惜贵弃用。为此,可尝试寻找能替代衡盾泥A组分且更为廉价的材料,或是通过增加新的添加剂,降低衡盾泥的灰水比,节省材料成本,同时又不降低衡盾泥的性能。

(2)拓宽材料应用范围

衡盾泥材料选用的基料粒径主要为d_{85}=66.7μm,可通过不断调整衡盾泥材料的配比,使其能够适用不同地层的需要。

对于华南地区以及沈阳、成都、南宁等地的富水砂卵石地层,可考虑在衡盾泥中添加粉砂或细砂,以期用于盾壳堵水、仓内开挖面弱加固、喷涌治理等。

为使盾尾堵水的效果更好,可尝试采用在衡盾泥中添加水泥或粉煤灰。

对于某些特殊工程环境,如厦门地铁2号线跨海隧道项目,衡盾泥长时间在海水环境中浸泡、渗透,需要动态调整其添加剂成分、比例,以确保不降低材料性能,满足该特殊环境下的使用要求。

2)设备改进

(1)设备一体化、智能化

根据衡盾泥实际使用情况,已逐步解决了搅拌不均匀、单次搅拌量少、需要多次倒运(功效低)等问题,也设计出衡盾泥材料在隧道内搅拌、混合、泵送一体化设备。但是,实际应用过程中,由于管理水平的差异,还会遇到隧道内配制出现的材料不能严格按照配比下料、泵送计量不准、时间控制不到位、材料搅拌质量指标无法进行过程控制等问题,加之现场工人责任心不强,则很难保证衡盾泥材料的搅拌质量。因此,必须在现有一体化设备的基础上,研制智能控制设备,按标准自动控制配比、下料、计量、检测质量,减少人工干预环节,确保衡盾泥材料拌制质量和注入效果。

(2)扩大设备选型范围

衡盾泥材料研制和设备选型是不可分割的。衡盾泥材料通过不断增加添加剂(如砂、石灰等材料),必然导致其搅拌、混合、泵送等工艺、设备选型的调整,后续设备选型中,须考虑对衡盾泥材料优化后的适用性及通用性。

3)工艺完善

(1)量化工艺参数指标

针对衡盾泥泥膜护壁带压进仓工艺,还需根据不同地层的实际情况,并结合室内试验及数值模拟,进一步量化不同地层中分级加压梯级划分、最大压力和保压时间等参数的准确设定,优化盾构机后退幅度,确定进仓条件和泥膜失效时间等控制指标。

(2)拓宽衡盾泥的应用范围

衡盾泥作为黏土类改性材料,研发的初衷是解决盾构施工中的"滞排""喷涌"等问题(见图1、图2),但目前应用不多;衡盾泥应用于沉降控制、止水加固等方面,也未形成系统方法;至于能否用于替代或改进现有的壁后注浆材料,还需进一步研究论证。

图 1　大粒径卵石在土仓内滞排

图 2　富水断裂带形成的高压水柱

创新无止境，唯有在实践中不断发现问题、寻找解决措施，才能百尺竿头更进一步。下一步还需广大科研工作者大胆发挥想象力，持续钻研，不断拓展创新，为盾构施工的安全保驾护航，为我国盾构事业的进步和发展贡献力量！

2019 年 8 月

附录　衡盾泥应用项目统计表

序号	项目名称	地层	应用次数	施工单位
1	福州地铁 1 号线竖达区间	下穿闽江，洞身顶部为〈5-2〉细砂层、〈8-3〉中砂层，洞身范围为〈15〉散体状强风化岩层、〈16〉碎块状强风化岩层，下部以〈17〉中风化岩层为主	1	上海市基础工程集团有限公司
2	广州地铁 13 号线东新区间	洞身范围上半部 2.80m 为强风化混合花岗岩，下半部 3.20m 为中风化混合花岗岩	2	北京城建设计发展集团股份有限公司
3	广州地铁 13 号线出入段线区间	混合花岗岩全风化带、强风化带、中风化带	2	中铁十九局集团有限公司
4	广州地铁 21 号线黄世区间	洞身范围上部 5.2m 为〈7-3〉全风化泥质粉砂岩，下部 1.1m 为〈9-3〉微风化泥质粉砂岩	6	北京城建中南土木工程有限公司
5	广州地铁 13 号线南沙区间	主要为花岗岩残积土	1	中铁七局集团第三工程有限公司
6	兰州地铁 1 号线世中区间穿黄隧道	洞身范围地层为〈3-11〉卵石层，水头高度 21m	4	中铁十四局集团有限公司
7	兰州地铁 1 号线马土区间	主要为〈3-11〉卵石层	1	中铁十六局集团有限公司
8	兰州地铁 1 号线西西区间	洞身范围地层为〈2-10〉卵石层，水头高度约 15m	1	中铁十七局集团上海轨道交通工程有限公司
9	广州地铁 8 号线北延亭石区间	上部位于〈3-2〉砂层，下部位于〈9C-2〉灰岩层	8	中铁十一局集团城市轨道工程有限公司
10	广州地铁 21 号线水长区间	强风化泥砂质粉砂岩	1	中铁十八局集团有限公司
11	广州地铁 13 号线沙白区间	花岗岩残积土层、全风化混合花岗岩	1	中铁四局工程有限公司
12	广州地铁 21 号线天神区间	强风化泥砂质粉砂岩	1	中铁建大桥工程局集团有限公司
13	武汉地铁 7 号线一期湖新区间	主要是黏土层和硬岩	1	上海隧道工程有限公司

续上表

序号	项目名称	地 层	应用次数	施工单位
14	深圳国际会展中心配套市政配套项目中重区间	隧道上半部分为〈11-2-1〉土状强风化混合花岗岩,下半部分为〈11-2-2〉块状强风化混合花岗岩	1	中铁十四局深圳国际会展中心配套市政配套项目经理部
15	成都地铁7号线太武区间	卵石层、中风化泥岩层	1	中铁隧道股份有限公司
16	广州地铁14号线知识城支线5标马枫、枫知区间	在〈6H〉全风化层、〈7H〉强风化层和〈5H〉残积土层中掘进,该类地层存在大量的"球状风化孤石"	8	粤水电轨道交通建设有限公司
17	广州地铁13号线南夏区间	掌子面范围内地层为〈6Z〉、〈7Z〉、〈8Z〉	3	中铁十六局集团有限公司
18	广州地铁13号线新官区间	洞身范围内上半部2.80m为强风化混合花岗岩,下半部3.20m为中风化混合花岗岩	1	北京城建设计发展集团股份有限公司
19	佛山地铁2号线花仙区间	顶部为〈4-2B〉淤泥质土、隧道范围内上部为〈3-2〉中粗砂、中间和下部为〈7-1〉强风化砂质泥	1	中交二公局工程有限公司
20	福州地铁3号线象光区间	淤泥质土层	1	中交隧道工程有限公司
21	广州地铁21号线大天区间	中粗砂层、残积粉质黏土层、全风化泥砂质粉砂岩、强风化泥砂质粉砂岩	1	北京城建中南土木工程集团有限公司
22	广州地铁14号线中东区间	〈9C-2〉微风化灰岩中夹有强风化炭质页岩、〈7-2〉泥岩	1	广东华隧建设有限公司
23	厦门地铁2号线海东区间过海隧道	花岗岩、黏土层	4	中铁十一局集团城市轨道工程有限公司
24	南宁地铁3号线总广区间	主要为圆砾土层	1	中铁隧道集团有限
25	广州地铁14号线17标街东区间	砂砾卵层、中风化岩石层	2	中铁十五局城市轨道交通工程有限公司
26	广州地铁21号线水苏区间	全风化花岗岩伴有孤石	2	中铁十四局集团隧道工程有限公司
27	佛山南海新公交1标桂三区间	上半断面为〈2-8-3〉细砂层、〈2-9-2〉中砂层,下半断面为〈7-2-2〉强风化粉砂质泥岩	1	中建交通建设工程有限公司
28	广州地铁21号线黄大区间	〈3-2〉中粗砂层、〈5N-1〉残积粉质黏土层、〈6〉全风化泥砂质粉砂岩、〈7-3〉强风化泥砂质粉砂岩	2	中交隧道工程有限公司
29	长沙地铁3号线洋洋区间	〈3-2〉中粗砂层、〈9C-1〉灰岩,伴有溶洞	3	中铁五局集团有限公司
30	长沙地铁3号线长月区间	淤泥质黏土层、砾砂层	3	中铁五局集团有限公司城市轨道交通工程分公司
31	厦门地铁2号线海芦区间	微风化岩层、孤石	10	中铁十四局集团隧道有限公司

续上表

序号	项目名称	地层	应用次数	施工单位
32	厦门地铁3号线本岛至翔安过海通道二工区	已进入海底，全风化花岗闪长岩、散体状强风化花岗闪长岩	1	中铁一局城市轨道交通工程有限公司
33	深圳国际会展中心配套市政配套项目	回填土	2	中铁十五局集团城市轨道交通工程有限公司
34	济南地铁R1号线地下段土建工创区间	粉质黏土层、砂层、卵石层	1	中铁十四局集团有限公司
35	广州地铁8号线北延段小平区间	〈4N-3〉硬塑状粉质黏土层，〈9C-2〉微风化灰岩层、〈1〉素填土层、〈3-3〉砾砂层、〈4N-2〉可塑状粉质黏土层	2	粤水电轨道交通建设有限公司
36	广州220kV石井环西电力隧道（西湾路—石沙路段）土建工程	微风化灰岩、填土层、砂层	2	广州市盾建地下工程有限公司
37	广州地铁8号线北延段施工西鹅区间	〈8C-1〉中风化炭质灰岩、细砂层、淤泥层和素填土层	4	中铁建大桥工程局集团第二工程有限公司
38	穗莞深城际厚虎区间项目	回填土层、砂层	1	中铁十六局集团有限公司
39	深圳地铁6号线公合区间	全风化中粒花岗岩	8	中铁隧道三处工程有限公司
40	厦门地铁2号线体湖区间	全风化花岗岩、残积砂黏土层	1	中铁十八局工程有限公司
41	珠海城际轨道交通鹤三区间项目	回填土层、杂填土层	1	中交珠海城际轨道交通投资建设有限公司
42	厦门地铁2号线海东区间三工区项目部	强风化花岗岩	1	中铁建大桥工程局集团第二工程有限公司

参 考 文 献

[1] 竺维彬,钟长平,黄威然,等.盾构施工"滞排"成因分析和对策研究 [J].现代隧道技术,2014（5）：23-31.

[2] 钟长平,竺维彬,周翠英.花岗岩风化地层中盾构施工风险和对策研究 [J].现代隧道技术,2013（3）：17-23.

[3] 竺维彬,鞠世健.复合地层中的盾构施工技术 [M].北京：中国科学技术出版社,2006.

[4] 钟长平,竺维彬,等.盾构施工"衡盾泥"辅助新工法研究 [J].现代隧道技术,2016（3）：7-13.

[5] 竺维彬,李世佳,方恩权,等.衡盾泥泥膜护壁工艺在富水砂层带压开仓作业中的应用 [J].市政技术,2018,36（2）：91-94.

[6] 米晋生,许少辉.珠江三角洲城际快速轨道交通广州至佛山段（首通段）盾构隧道工程施工技术研究 [M].北京：人民交通出版社,2013.

[7] 马卉,祝思然.衡盾泥在带压开仓时的闭气保压效果研究 [J].隧道建设（中英文）,2018,38（增1）：15-19.

[8] 黄威然,竺维彬,史海欧.泥水盾构过江工程江底塌方风险的应对和处理 [J].现代隧道技术,2006（4）：49-53.

[9] 缪忠尚,黄雷.NFM盾构机带压开仓换刀技术 [J].现代隧道技术,2012（2）：99-103.

[10] 张凤祥,朱合华,傅德明.盾构隧道 [M].北京：人民交通出版社,2004.

[11] 韦良文,张庆贺,邓忠义.大型泥水盾构隧道开挖面稳定机理与应用研究 [J].地下空间与工程学报,2007（1）：87-91.

[12] 韩晓瑞,朱伟,刘泉维,等.泥浆性质对泥水盾构开挖面泥膜形成质量影响 [C]// 第二届中国水利水电岩土力学与工程学术讨论会论文集,2008.

[13] 袁大军,李兴高,李建华,等.砂卵石地层泥水盾构泥浆渗透试验分析 [J].都市快轨交通,2009（3）：32-35.

[14] 侯磊.富水砂卵石地层土压平衡盾构带压换刀技术研究 [D].成都：西南交通大学,2009.

[15] 黄学军,孟海峰.泥水盾构带压进仓气密性分析 [J].西部探矿工程,2011（7）：202-204.

[16] 章慧健,仇文革,胡辉,等.富水砂卵石地层土压平衡盾构带压换刀技术 [J].施工技术,2010（1）：55-58.

[17] 郭家庆,陈馈.成都地铁砂卵石地层盾构带压进仓技术 [J].建筑机械化,2008（10）：49-51.

[18] 符昌钦.泥水盾构带压进仓作业安全技术措施[J].建筑机械化,2013(6):85-87.

[19] 杜闯东,贾航,王坤.大直径泥水盾构复合地层进仓技术比较与应用[J].隧道建设.2009(4):435-440.

[20] 康洪信.广州地铁4号线盾构带压进仓换刀技术[J].建筑机械化,2011(6):67-69.

[21] 鲁号,李伟,油新华.深圳地区软硬复合地层盾构带压换刀技术[R].中国盾构技术学习研讨会,北京,2015.

[22] 夏胜全.泥水盾构带压开仓泥膜闭气机理研究[D].南京:河海大学,2012.

[23] 姜腾.盾构开仓时闭气压力与泥膜孔隙结构[D].南京:河海大学,2015.

[24] 张春雷.基于水分转化模型的淤泥固化机理研究[D].南京:河海大学,2007.

[25] 钱七虎.水下隧道工程实践面临的挑战、对策及思考[J].隧道建设,2014,34(6):503-507.

[26] 金丰年,钱七虎.隧洞开挖的三维有限元计算[J].岩石力学与工程学报,1996,15(3):193-200.

[27] 陈勇,杨俊龙,朱继文.急曲线地铁隧道盾构法掘进技术研究[R].第11届隧道和地下工程科技动态报告会,2004.

[28] 严金秀.俄罗斯采用Lovat盾构开挖喀山地铁隧道[J].现代隧道技术,2000(1):10.

[29] 丁志诚,张志勇,白云.广州地铁隧道施工中的盾构选型及盾构改进应用[J].岩石力学与工程学报,2002,21(12):1820-1823.

[30] 洪开荣.我国隧道及地下工程发展现状与展望[J].隧道建设,2015(2):95-107.

[31] 江玉生,窦硕.北京地铁盾构选型分析[J].市政技术,2014,32(5):148-151.

[32] 吴煊鹏.土压平衡盾构下穿铁路站房施工技术[C]// 智慧城市与轨道交通2015年中国城市科学研究会数字城市专业委员会轨道交通学组年会论文集,2015.

[33] 韦良文.泥水盾构隧道施工土体稳定性分析与试验研究[D].上海:同济大学,2007.

[34] 胡欣雨,张子新,徐营.黏性土层中泥水盾构泥浆作用对开挖面土体强度和侧向变形特性影响研究[J].岩土工程学报,2009,31(11):1735-1743.

[35] 夏炜洋.盾构法隧道施工期流固耦合问题研究[D].成都:西南交通大学,2012.

[36] 朱伟,钟小春,加瑞.盾构隧道垂直土压力松动效应的颗粒流模拟[J].岩土工程学报,2008(5):750-754.

[37] 韩晓瑞,朱伟,刘泉维,等.泥浆性质对泥水盾构开挖面泥膜形成质量影响[J].岩土力学,2008,29(增1):288-292.

[38] 倪红娟,徐颖,李岩.泥水盾构施工中泥膜形成规律数值模拟[J].人民黄河,2013,35(3):135-137.

[39] 李潮.砂卵石地层土压平衡盾构关键参数计算模型研究[D].北京:中国矿业大学(北京),2013.

[40] ANAGNOSTOU G,K K. The face stability of slurry-shield-driven tunnels[J]. Tunneling and Underground Space Technology,1994,9(2):165-174.

[41] WATANABE T,YAMAZAKI H. Giant size slurry shield is a success in Tokyo[J].Tunnels & Tunneling International,1981,13(1-2):13-17.

[42] MIN F，WEI Z，HAN X R. Filter cake formation for slurry shield tunneling in highly permeable sand[J]. Tunneling and Underground Space Technology，2013，38：423-430.

[43] MIN F，WEI Z，CHENG L，et al. Opening the excavation chamber of the large diameter size slurry shield: A case study in Nanjing Yangtze River Tunnel in China[J]. Tunneling and Underground Space Technology，2015，46（2）：18-27.

[44] MARTIN E H，BAPPLE K. Compressed air work with tunnel boring machines[A]//Proceedings of Underground Space-The 4th Dimension of Metropolises[C]. 2007：1175-1181.

[45] FALK C. Pre-investigation of the subsoil developments in construction of the 4th Elbe Tunnel Tube[J]. Tunneling and Underground Space Technology，1998，13（2）：111-119.

[46] HAN L，YE G L，CHEN J J，et al. Pressures on the lining of a large shield tunnel with a small overburden: A case study[J]. Tunneling & Underground Space Technology，2017，64：1-9.

[47] YANG Y，WANG G，LI H，et al. The new clay mud and its improvement effects of tunnels[J]. Applied Clay Science，2013，79（7）：49-56.

[48] DUHME R，RASANAVANEETHAN R，PAKIANATHAN L，et al. Theoretical basis of slurry shield excavation management systems[J]. Tunneling & Underground Space Technology Incorporating Trenchless Technology Research，2016，57：211-224.

[49] MIN F，ZHU W，HAN X. Filter cake formation for slurry shield tunneling in highly permeable sand[J]. Tunneling & Underground Space Technology Incorporating Trenchless Technology Research，2013，38（3）：423-430.

[50] LIN C G，ZHANG Z M，WU S M，et al. Key techniques and important issues for slurry shield under-passing embankments: A case study of Hangzhou Qiantang River Tunnel[J]. Tunneling and Underground Space Technology Incorporating Trenchless Technology Research，2013，38（9）：306-325.

[51] ZHOU C，DING L Y，HE R. PSO-based elman neural network model for predictive control of air chamber pressure in slurry shield tunneling under Yangtze River[J]. Automation in Construction，2013，36（15）：208-217.

[52] GUO J，DING L，LUO H，et al. Wavelet prediction method for ground deformation induced by tunneling[J]. Tunneling & Underground Space Technology Incorporating Trenchless Technology Research，2014，41（1）：137-151.

[53] FANG Y S，WU C T，CHEN S F，et al. An estimation of subsurface settlement due to shield tunneling[J]. Tunneling & Underground Space Technology Incorporating Trenchless Technology Research，2014，44（44）：121-129.

[54] LI Y，EMERIAULT F，KASTNER R，et al. Stability analysis of large slurry shield-driven tunnel in soft clay[J]. Tunneling & Underground Space Technology Incorporating Trenchless Technology Research，2009，24（4）：472-481.

[55] ZHANG Z X, HU X Y, SCOTT K D. A discrete numerical approach for modeling face stability in slurry shield tunneling in soft soils[J]. Computers &Geotechnics, 2011, 38(1):94-104.

[56] PARK K H. Analytical solution for tunneling-induced ground movement in clays[J]. Tunneling and Underground Space Technology, 2005, 20(3): 249-261.

[57] FRITZ P. Additives for Slurry Shields in Highly Permeable Ground[J]. Rock Mechanics and Rock Engineering, 2007, 40(1): 81-95.

[58] HYUN K C, MIN S, CHOI H, et al. Risk analysis using fault-tree analysis (FTA) and analytic hierarchy process (AHP) applicable to shield TBM tunnels[J]. Tunneling and Underground Space Technology, 2015, 49(1):121-129.

[59] HAMZA M, ATA A, ROUSSIN A. Ground movements due to the construction of cut-and-cover structures and slurry shield tunnel of the Cairo Metro[J].Tunneling & Underground Space Technology, 1999, 14(3):281-289.

后　记

"衡盾泥"：破解盾构施工世界性难题的"中国创造"

地史漫长，人类渺小！

我们穿越江河湖海，我们在城市里飞驰人生。我们上天有神舟，下海有蛟龙，入地有盾构。然而，上天容易，入地其实很难。特别是在地下空间里搞开发，未知的因素太多，各种风险巨大。仅就修建地铁而言，据中央电视台报道，我国某城市在修建地铁过程中 2015—2018 年总共塌方 630 多次。目前，我国有 30 多个城市的地铁在建！没有人完全统计过因为建地铁或地下工程塌方的次数，但这个数字一定是触目惊心的。而因为塌方带来的经济损失和安全风险，成为我国甚至世界地铁盾构施工一道难以逾越的艰难险阻。

人类在自然界面前虽然渺小，但就真的对这个难题无能为力吗？答案当然是否定的。"衡盾泥辅助盾构施工技术"的横空出世，成功破解了困扰盾构施工这一世界性技术难题。

"衡盾泥"一亮相，便惊喜了业内，也惊艳了世界。这种特殊意义的"泥巴"——解决世界性地铁施工难题的创新技术，在国内地铁施工技术创新英雄榜上，可入三甲之列，填补了国际技术空白，达到了国际领先水平。国家最高科学技术奖获得者钱七虎院士在考察该技术时，对其给予了高度评价："衡盾泥技术降低盾构施工带压进仓的施工风险，大大提升我国盾构工程技术水平，对盾构施工技术的发展具有里程碑式的意义"。

该项技术已在 10 多个城市、100 多台次盾构进仓作业中成功应用。日前，衡盾泥及相关技术获得 2018 年度广东省科技进步奖一等奖。

凡事无绝对，"盾构"亦非万能。隐藏在地层深处的重重危机，险象环生。责任面前，广州地铁人直面和挑战盾构进仓换刀这一世界性难题。

后 记

当今世界,地铁与人、与城市,已经密不可分。建地铁很难,比一般人所知的要复杂得多、困难得多,并且充满了安全风险。为了提升隧道开挖的工效,自1823年英国发明并使用盾构机以来,由于其自动化程度高、施工速度快、一次成洞等优点,从20世纪六七十年代开始,被广泛用于地铁隧道建设中。

盾构机在我国的应用虽然起步晚,但脚步却很快。2000年,全世界的盾构机约1000台,广州当时11台,只占1%;到2018年,全世界的盾构机近3000台,我国的盾构机超过了1500台,盾构机每年完成的掘进里程达1000多公里。盾构机也从引进国外品牌到国内自主生产,盾构机种类更是从当初的网格盾构机,到复合盾构机,再到双模盾构机,直到超大盾构机、异形盾构机,我国已成为世界上第一盾构大国。

21世纪是地下空间开发的世纪,盾构工法已成为我国地铁和公路等隧道建设优选的主流工法,盾构施工呈现一派欣欣向荣之势。

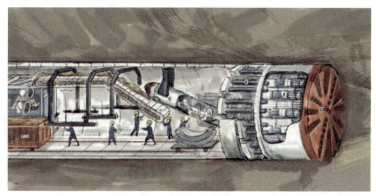

盾构机掘进

但盾构施工也有过不去或过得不顺的坎,这个坎,就是复杂的地质情况。地质的复杂程度,广州尤甚。广州的地层有一个"好听"的名称,叫"世界地质博物馆"。这个博物馆里有暗河、流沙、淤泥、富水砂层、上软下硬地层、全断面岩层、孤石……你能想得出来的各种地质构造,广州地下基本都存在,广州地铁人命名此地层为"复合地层"。

"地质博物馆"名字好听,但对盾构施工来说,就是一个个噩梦。

比如,广州这种复合地层中的孤石,是整块花岗岩经过上万年风化后的残留物,单孤石就很有自己的特点:强度大到100MPa以上,足以磨坏金刚钻;又分散,其埋藏、分布、大小没有规则,很难通过地质钻探探明具体情况。盾构机本来是在正常掘进中,突然碰到孤石的情况就好比人吃米饭突然咯到石子,一不小心就要咯崩牙齿。盾构机的牙齿就是刀具,没有了牙齿的盾构机也就无法开挖隧道,盾构机只能停下来,由技术人员打开盾构机的仓门进行换刀。

盾构机遇孤石

盾构机遇溶洞

盾构机遇地下障碍物

后 记

而盾构施工最大的风险就是进仓换刀。由于进仓换刀作业空间密闭狭小,一出事故往往伴随人员伤亡,甚至水沙涌入盾构机,很有可能机毁人亡;当盾构机停在江河湖海或建筑物下,难以从地面进行地层加固,常常需要带压进仓。

据统计,国内进仓换刀事故达十多起,已有20多名人员伤亡,不仅造成了人身和财产的巨大损失,也产生了不良的社会影响。

进仓换刀,成了一道躲不过的坎。确保带压进仓的安全性已经成为世界性工程难题摆在建设者面前,住建部专门委托广州地铁承担这个"十三五"国家攻关课题"城镇安全风险评估与应急保障技术研究",重要性和急迫性可见一斑。

针对盾构进仓换刀这个世界性难题,如何才能找到对症的那一剂良方?面对时代所赋予的历史责任与重担,在挑战与机遇面前,以广州地铁集团有限公司常务副总经理竺维彬领衔的工程技术人员,由广州轨道交通建设监理有限公司牵头,联合广州地铁集团有限公司建设事业总部、佛山泰迪斯材料有限公司等组成科技攻关小组,本着"天将降大任于斯人也"的豪情和魄力,毅然决然地担负起攻克这一世界性难题的重任。

科学有险阻,苦战能过关。锲而不舍的广州地铁人,一步一个脚印,一步一个台阶,"衡盾泥"——千万里终于找到"你"!

学以求智,勤以积德。千古大儒王阳明当年有"格竹致知",就是探究事物原理从而获得真知,在如何成功找到破解盾构机带压进仓换刀这个世界性难题的良方上,广州地铁人亦是"格泥致知"。

事实上,在此之前,广州地铁人通过与地下泥层的"亲密接触",已经成功通过了诸如盾构机过江、过溶洞等无数多的考验,他们从理论和实践两方面不断解决层出不穷的问题。对于进仓换刀,他们也有应对之策,但仍存在不少问题:用膨润土泥浆、WSS、冷冻法等进仓时,可靠性低、安全性差,预加固时间长,加固占地大,成本高等;当隧道处于江底或海底时需搭建平台;用填仓法,填充材料为水泥砂浆,有固结刀盘的风险……

带压进仓换刀的危险源在哪里?在于开挖面不够稳固。开挖面不够稳固的原因是什么?在于泥膜护壁材料的性能和黏度达不到要求。在发现问题的症结之后,广州地铁技术团队精英把重点放在泥膜护壁材料及施工工艺的研究上。作为国内地质专家和盾构技术复合型专家的竺维彬更是再三强调:"一定要研制出一种既能隔水又有延展性还有一定强度的材料。要使这种材料(泥巴)搞出来后既有承载力又很黏,在压力作用下填塞开挖面地层的孔隙和裂隙,既止水又闭气,同时通过刀盘搅动使它具有裹挟性,把损坏的刀具和石头能够裹挟着从螺旋输送机带出来。"

思路明,则目标准。为了找到合适的材料,他们日复一日,年复一年,历经十多年,走遍了众多地质复杂工地,调查了国内外多种材料,对地质、土木、机械、材料等进行多专业、跨学科融合,以工程现场为主试验平台,结合室内试验,并进行数值模拟,终于研制出了符合要求的材料,为了确定合适的配方,研发团队找到中科院研究注浆材料的老专家,经过上百次配比试验以及无数次的现场尝试,重点在材料拌制、分级加压、气浆置换等方面想办法、动脑筋,终于新材料的配比和工艺研制出来了。

这种新材料黏度高,形成的泥膜结构致密,具有隔水性,在富水地层不易被稀释带走,成膜稳定;具有触变性,长时间固结后通过搅拌又能恢复流动性,满足泵送条件;具有一定的强度,可裹挟带出渣块,防止滞排。较超浓膨润土,渗入深度由 2~3cm 提升到超过 10cm,泥膜护壁效果由过去的最多 3d 延长到最高纪录 38d。竺维彬将这种新材料命名为"衡盾泥",一种黏度高、隔水性好并有触变性的无机环保泥浆新材料——"衡盾泥",就这样诞生了。

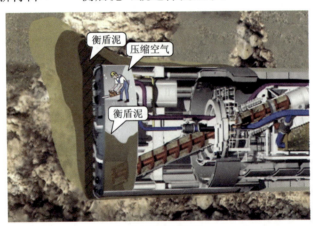

衡盾泥应用原理演示

从驰援福州地铁初试牛刀,一鸣惊人,到兰州地铁临危受命,再建奇功……在与世界性难题的无数次较量中,"中国创造"的"衡盾泥"攻无不克,所向披靡!

春天虽然迟到,但是依然美好。"衡盾泥"虽然姗姗来迟,但是随着它的研发成功,如同及时雨,在地铁盾构施工中爆发出"超能量"。

2015 年 9 月,衡盾泥还来不及在广州地铁施工中应用,便接到了福州地铁的求援。福州地铁 1 号线穿越闽江区间盾构机"卡壳"了,在闽江下趴了近 2 个月,盾构机的"卡壳"位置正好地处闽江江底,盾构机土仓与闽江水已贯通,江水漫灌隧道的灾难性事故随时可能发生!而盾构机的故障,判定为江底段的碎块状岩石卡住刀盘,刀具损毁严重,必须进仓换刀。但盾构机上方是源源不断的高压力江水,之前采用各种传统加固法都尝试过了,没有一点效果。福州地铁方面最后把希望寄托到了广州地铁这里。

对广州地铁的工匠们而言,谁也没有想到衡盾泥的第一次应用就是应对这种极端的工程状况。但他们是有信心的,信心来源于他们对衡盾泥及相关技术的充分了解,2015年10月8日,功夫不负有心人,经过14d的泥膜施工及保压,满足进仓条件,工作人员终于安全地进入了土仓,头悬着闽江水安全并成功带压进仓20d,顺利清理碎块状岩石并更换完成损毁刀具,盾构机顺利恢复掘进。

衡盾泥泥膜护壁带压进仓技术在福州地铁初试牛刀便一鸣惊人:时间短,仅用了1个多月;费用小,花费仅数十万;更重要的是,保压时间长,可安全进仓。这次挑战开启了盾构施工衡盾泥泥膜护壁带压进仓的先河,打开了衡盾泥辅助盾构施工的成功之门。

2016年1月,兰州地铁向广州地铁求助:穿越黄河的盾构机刀盘在全断面卵石地层多次被卡,且出现超挖,刀具崩裂、掉落,被迫停机。施工单位采用传统泥浆施工方法虽然也有泥膜成型,但掌子面渗水不断,工作人员担心泥膜击穿导致黄河水淹没隧道,迟迟不敢进仓。

衡盾泥技术团队有了福州地铁的成功经验,信心更足、决心更大,他们马不停蹄地飞往兰州,根据盾构机本身情况及停机位置的地质状况,制定了针对性的衡盾泥泥膜护壁方案。

2月的兰州,春寒料峭,滴水成冰,在万家团圆的春节期间,衡盾泥技术团队人员义无反顾、舍小家顾工程,在现场指导衡盾泥泥膜护壁工艺施工的各项工作。当材料用量太大,地面使用的立式搅拌桶容积太小,多次拌制都无法满足要求时,科研人员经过研究后,果断改为在隧道内用剪切泵搅拌,通过不断调整剪切泵的搅拌转数及时间,确保了衡盾泥搅拌质量满足要求。终于在3月2日成功护壁进行进仓作业,一共保压38d,未重新施作泥膜,4月10日,全盘刀具更换完成,刀盘得以修复,衡盾泥护壁稳定,随后盾构机恢复掘进。

兰州的工程实践,不仅开创了新的搅拌工法,还开创了衡盾泥泥膜使用的最长时间纪录,进一步检验了衡盾泥工法的可靠性。

2016年9月初,厦门地铁2号线跨海段,泥水平衡盾构机在海底掘进时突遇孤石，11把刮刀掉落仓底，需要进仓换刀,而盾构机停机位置上方又发生塌陷,地质环境十分险恶,进仓换刀的风险非常大。经过专家审核,决定采用"海底加固＋衡盾泥泥膜护壁带压进仓"施工方案,不断用衡盾泥挤压、劈裂至泄气地层,保证了分级加压施工方法获得成功,保压效果满足要求,更换了最为关键的10把边缘刀具,盾构机顺利恢复掘进。该方案总共花费30万元。

厦门地铁进仓换刀难题,在海上筑围堰也曾是预选方案之一。海上围堰比内河围堰更复杂,成本也甚巨,预估要花费上千万元。30万元解决可能花费上千万元的施工难题,且省时省心,又安全可靠,成功避免不可预测的灾难性后果,再次证明了衡盾泥泥膜护壁带压进仓技术的安全性和可靠性。

而在衡盾泥的出生地——广州,它更是一个大大的功臣。2016年6月,广州地铁8号线北延段石井站—亭岗站区间由于溶洞发育强烈,盾构区间穿越富水砂层、上软下硬地层及全断面岩层(岩石强度最高达106MPa),进仓换刀要求高。在盾构机即将进入周边房屋密集且地下管线众多的上软下硬地层前,必须更换全新的合适的刀具,而此时,盾构机正地处全断面富水砂层中,埋深仅8m。

以往从未有过这种状态下的带压换刀经历,就因富水砂层极容易发生漏沙、管涌等灾难性事故。衡盾泥技术团队经过研判,决定在砂层中首次尝试采用衡盾泥技术。于这一年的8月3日成功制作衡盾泥泥膜,实现了在全断面富水砂层浅埋盾构中衡盾泥泥膜护壁带压进仓换刀的成功应用。

随后,广州地铁14号支线、13号线等,也全面采用衡盾泥技术,并根据不同的地质特点,形成日趋成熟的工艺流程。衡盾泥泥膜护壁带压进仓技术在地层深处这些世界难题一次次的较量中,所向披靡!

衡盾泥泥膜护壁带压进仓技术目前已在100多个项目上成功应用并且获得100%成功,不能一一列举,衡盾泥进仓比地层加固进仓一次节省约135万,一共应用了100多台次盾构机,至少节约成本约1.35亿元。该方法适用各种类型的盾构机(土压平衡盾构机、单仓式和双仓式泥水平衡盾构机),施作的泥膜质量好、保压时间长,已成功应用到各种地层和工况,突破了高水压水底盾构隧道工程安全进仓换刀等诸多技术难题。

是金子,它总会发光。尽管衡盾泥是泥,但它依然散发出了像金子般耀眼的光芒。以钱七虎院士、陈勇院士、国际隧协副主席严金秀为首的七名专家对该项目成果进行了鉴定,结论为:攻克了上软下硬、全断面富水砂层、卵石层、断层破碎带、孤石地层中盾构施工带压进仓的"世界性难题",该成果经济效益显著、社会效益巨大,应用前景广阔。该技术为国内外首创,达到国际领先水平。

  2018年底,衡盾泥辅助盾构施工技术作为一个"冷门"项目,在广东省科技进步奖的评审中从最初网上评比的第三名,最后一路逆袭以小组第一名初评通过,再到最后成功摘得2018年度广东省科技进步奖一等奖,"衡盾泥"实至名归!

  修得正果,造福人间。衡盾泥的成功,它不只是"中国制造",更是"中国创造",是大国工匠们在世界地铁建设领域的又一杰作,从此,让地铁盾构施工的光辉"隧"月,到达了另一种高度。

《中国日报网》
祝萍